창조문학대표시인선 259

장미와 앵두

이영지 시집

창조문학사

□ 시인의 말

살아 있는 소중함

제목을 장미와 앵두라 하였습니다.

모든 것이 살아 있어서 가능한 것을 담아 보려 한 의미를 지닌 시조집입니다. 가장 살아있는 것의 상징성으로서 '장미'와 '앵두'입니다.

살아 있는 것들의 가장 소중함은 사람이지만 시적 상징성으로서 담아 보려 한 의미를 지닌 시조집입니다.

가장 살아있는 것의 상징성으로서 '장미'와 '앵두'입니다.

살아 있는 것들의 가장 소중함은 사람이지만 그 구체적인 사물 지시어는 '장미'와 '앵두'입니다.

장미는 가장 사랑하는 사람들 사이에서 오고 갈 수 있는 빠알간 색입니다. 그러나 이 사랑은 더러는 가시도 있고 미움도 있고 그리고 상처도 있습니다.

모든 것이 살아 있어서 일어나는 일들입니다.

앵두가 있습니다. 우리의 소중한 열매로서 앵두가 있습니다. 이 앵두는 가장 사랑스러운 아가의 입술입니다. 이 앵두는 가장 아름다운 처녀의 입술입니다. 이 앵두는 가장 예쁜 신부의 얼굴입니다 .가장 순수한 그래서 가장 사랑을 많이 받는 모습입니다. 하나님의 백성이 이 앵두입술입니다.

앵두 입술입니다. 더구나 앵두 볼이 있습니다.

저는 평소 신앙생활과 관련하여 이 앵두입술과 앵두 볼은 믿는 마음의 그 행복함의 입술이고 앵두 볼이라 여겨지기에 이 시집을 내게 된 것입니다.

새해엔 떠오르는 태양을 품으시고 복 많이 받으셔서 희망찬 한 해 맞으시기를 정말로 바라 인사 올리옵니다. 새해엔 행복해 하시는 일 마다에 사랑이 넘쳐나서 나날이 좋은 일이 많으셔서 기쁨 가득한 한 해 되시옵소서! 웃으시는 모습 따라 항상 둘레둘레 잘 되는 일 마다에 좋아지는 나날 마음이 기뻐지는 그래서 즐거움이 가득하소서!

- 李英芝

장미와 앵두
이영지 시집

| 차 례 |

□ 장미와 앵두 시조집을 내면서

1부 장미야

장미와 앵두

이영지 시집

2부 앵두야

장미와 앵두
이영지 시집

1부
장미야

장미야 어디 있니 – 새벽기도 · 3401

파랗다 잎 곁에서 파랗다 더 파랗다
여름이 더운 여름 묶느라 한데 얼려
약간은 싱거우면서 떫은맛이 파랗다
파랗다 잎을 닮아 파랗다 더 파랗다
여름이 익는 여름 묶느라 한데 묶여
약간은 못난 듯하며 열매 값이 파랗다
파랗다 여름 닮아 파랗다 꼭 파랗다
긴 여름 더위라도 잊느라 더 파랗다
약간은 기다리느라 발걸음이 파랗다

장미의 물방울 - 새벽기도 · 3402

해에다
물을 섞어 아침의
사랑 띠를
햇살이 장미 안에 햇별을 널어놓아
숨구멍 하나하나에 별이 송송
뜨누나

웃음에 별이 뜨고 울음이 앉는다며
예쁘게 콩콩거릴
장미의
물방울이 장미 빛 햇살을 열러 포롱포롱
뜨누나

장미 飛 - 새벽기도 · 3403

장미야
발가벗고 오느라 방울방울
물 묻여
오 오느라

또 내가
간지럽다

장미를 가슴에 안고
꽃가지 끝
건네자

장미꽃잎과 청소부 – 새벽기도 · 3404

이 아침
장미꽃잎 떨어져
이른 아침
장미의 꽃잎 잎이 나포울 땅에 내려
장미 잎 내려앉으면 청소부가 줍는다

길가에 떨어지자 장미 잎 청소부가
장미 잎 모아두면 장미가 피어 난다
장미 잎 아름다워라 꽃다발의 장미 잎

청소부 가슴에도 장미 잎 나풀나풀
청소부 빗자루에 나포올 나풀나풀
장미꽃 다발빗자루 장미 꽃 잎 덩어리

장미 잎 청소부의 빗자루 장미 잎이
장미가 넝쿨에서 내려와 아롱아롱
꽃길로 장미 차 빵빵 빠방바방 빵빠앙

그리움이 물들면 – 새벽기도 · 3405

노오랑
나랑 장미
그 뿐 홍
부끄장미
빠알강
알알장미
동그란 입을 열어
오라는
웃음으로만
함빡함빡
달리는

오오오
달이 뜨면 달덩이
딸 빛이야
오오오
별이 뜨면 별 꿈이
별 빛이야
하늘에
휘늘어지며
장미넝쿨
오오오

오월의 장미는 男 - 새벽기도 · 3406

오월의 장미 남자
빠알간 모자 쓰고

빠알간 티셔츠로
그리움 하늘 높이
꿈 덩이 하나로 하여
초록 덩이 안에서

빠알간 모자 쓰고
빠알간 티셔츠로
힘겨운 목숨덩이
아예에 하늘에다
두고는 나 보란 듯이
모자 쓰는
남자다

눈을 들어 본 때_ 새벽기도 · 3407

딱 눈을 들어 본 때
장미가 아롱아롱
하늘의 중간쯤에
빠알간 노란 분홍
장미님 저도 놀라
놀라서 근이 빠져진 노란 장미 장미다

딱 눈을 들어 본 때
장미는 분홍장미
분바른 분홍 장미
초록의 잎사귀에
풀 푸른 분홍장미로 부끄러이 장미다

딱 눈을 들어 본 때
그리움 빨강장미
빠알간 대답으로
초록의 잎사귀에
풀 푸른 빠알강 노랑 분홍 장미 옆이다

노오란 현기증을 터는 곁 분홍으로
빨강을 물들이는 행복한 그리움이
풀 푸른 그대 옆이라 아주 행복 앵두다

사랑 장미의 길 - 새벽기도 · 3408

사랑만 하라시며 장미의 무늬 옷을
주셨죠
밭에서도
보이죠 열두 단이
절하며 일어서서들 둘러리로 절하죠

해와 달 열 한 별이 나에게 모두모두
절하여 엎드린다 했더니 우향 몰약
은 이십 값어치로도 팔려가라 묻었죠

그래도 사랑하라 하셔서 먹는 앵두
열일곱 나이에도 장미 잎 파랗도록
당신을 사랑 하라서 앵두 먹고 살아요

장미의 아빠 엄마 – 새벽기도 · 3409

장미의 아빠 엄마 장미로 예쁘라고
잘 자라 이리저리 한드을 행복하라
입가에 장미웃음의 앵두 먹게 하여라

파란 잎 들게 하고 언제나 사랑하라
빠알간 마음기둥 솟아나 하늘 닿게
입가에 샬짝샬짝이 장미 입술 내어라

안 해 장미 – 새벽기도 · 3410

안 해야
안의 해야
장미로 해 떠오름 건져서 나에게로
사랑을 주느라고
사랑의 앵두나무에 장미다발 얹어라

은방울 장미 - 새벽기도 · 3411

행복을
찾아 나선
장미의
사랑바람

바람비
두르고도
은방울
굴리도록

이름을
삼가 하오며
은방울 새

장미야

장미의 행복이끼 – 새벽기도 · 3412

폭포수 아래에 서
아뢰올 말씀에는
정말로 아름다운 장미가 데구르르
장미야 웃는 모양이 너무 좋아 좋아라

집 담에 넝쿨 들고
온 동네 어귀에서
사랑을 보여주려 쪼르르 걸어 나와
차츰음 닥아 갈수록 앵두 입술 그래라

노란 장미와 빨간 – 새벽기도 · 3413

너
너랑 헤어질 때
하늘이 노랄 만큼
눈앞이 샛노랗다 못해서 돋아난 한 나절의
빨강이 새파랄 만큼
그립다는 내음새

하늘이 노랗도록 가슴이 빠알갛게
타오른 바람 냄새 가슴을 파묻고도
남아 든 그리움으로 아슴아슴 돋아나

얼굴을
파묻고도
노오란 한 길이의
깊이를 그리워 한
장미야 더 빨갛도록
하늘이 더 푸으르라
앵두 냄새
아
어쩜

행복장미 잎 입 행복장미 잎 입 - 새벽기도 · 3414

새파란 안식에서
장미는 꽃이 핀다

편안한 그리움을 앵두의 입술로서
빠알간 입술을 열어
주렁주렁
행복 잎

열어놔
꽃이 핀다
그리움
피는
법을
풀어서 주렁주렁
거기서 여기까지
사랑을
새파랗게만 엮으라며
사랑 입

장미 비 - 새벽기도 · 3415

장 미 비 밤을 샌 다
장 미 비

꽃잎바다

아 예 예 그 리 움 을 입술로 먹 어 버 린

앵두의
입술이 되어
주렁주렁 웃는다

웃음의
소리
장미
두 손을
모 아 들 여 그 리 움 뜨 는 법을
풀 어 서 늘 여 놓고
거기서 여기까지가
뻥 뚫리게
웃는다

장대 장마 장미 – 새벽기도 · 3416

그리움
"안았어요"
풀꽃이
"안아줘요"
진 땀 을 뿌 리 기 까지 내 려 도 안 았 어 요
장미 비 장대 장미 비 안았어요
빨갛게

장미가 오라네 - 새벽기도 · 3417

장미가
날
'오'라네

입술이 동그랗네
오무려 '오오' 하네
오오오 몰려오네
웃음에 앵두 입술에
콩닥콩닥 콩 뛰네

장미가
날
'오' 오라네
빠알간 앵두 같은
입술로 보여주네
기어히
따라 오네 담장을 따라오네
'오'라네
앵두 입술로
드리미네
오오오

장미꽃잎이 – 새벽기도 · 3418

새아침
장미꽃잎 떨어져
이른 아침
장미꽃 잎이 나풀 땅으로 내려앉아
길가에 장미꽃잎이 수를 놓고 놓는다

쓰레기 더미에서
꽃다발 장미다발
청소부 가슴에도 장미가 꽃잎 장미
장미가 나포올 나폴 청소부 나 장미야

청소부 빗자루에 장미꽃 나풀나풀
장미꽃 빗자루 꽃 장미꽃 잎 덩어리
장미꽃 꽃잎청소부 빗자루가 장미야

장미가 넝쿨에서 내려와 아롱아롱
꽃길을 장미차가 빵빵빵 빠앙바앙
빵빠앙 달려가느라 달리기 차 장미야

장미 섬 - 새벽기도 · 3419

장미의 섬입니다
웃음의 보조개를 옴폭폭 뿌려놓아 바다의 물결들을
무더기 구름다발로 유혹하며 웃어서

장미의 섬입니다
등이며 허리까지
한바탕 씻어내어
하체를 잠근 후에 푸르른 이야기만을 조건으로 내세워

장미 잎 사랑 - 새벽기도 · 3420

새파란 안식에서
장미는 꽃이 핀다

편안한 그리움을 마음껏 먹어버린
빠알간 입술을 열어
주렁주렁
행복 잎
열어놔
꽃이 핀다
그리움
피는
법을
풀어서 주렁주렁
거기서 여기까지
사랑을
새파랗게만 엮으라며
사랑 입

오로지 장미 – 새벽기도 · 3421

오월이 오시느라 장미를 열어둬요
황홀한 시간 메어 두노니 오시어요
오로지 그대를 위해 장미입술 다노니

」

꿈길 장미 – 새벽기도 · 3422

빨갛고
파란 불을 내 세운
꿈길에서
연속성
바람사이
두 갈래 땋아 내린
소녀의 눈망울에 담긴
장미입술
그림자

사랑 움이 돋아 - 새벽기도 · 3423

그리움 그게 뭔지
모르며
빨간 옷이 파랗게 움이 돋아 사랑이 움이 돋아
소녀의 옷자락에서 짙게 웃는 그림자

장미 너는 - 새벽기도 · 3424

음성이 빨갛구나
파란불 빛이구나
머리에 햇빛 없어 햇빛의 바람으로
파란 봄, 빛이 나도록 앵두 볼의 빛이다

아예예 – 새벽기도 · 3425

장 미 비 밤을 샌 다
장 미 비
장미바다
아 예 에 그 리 움 을 통 째 로 먹 어 버 린
입술의 꽃물로
서서
장미다발 웃음을

날 보는 장미 - 새벽기도 · 3426

난 보고
“알았어요”
정말로
“알았어요”
진 땀 을 뿌 리 기 까지 내 리 며 알 았 어 요
장미가, 날 보는 장미가 장미웃음 그리움

오 병이 났다 – 새벽기도 · 3427

오
나의 사랑하는 사람을 만나거든
오
내가 병이 났다 해다오 장미 병이
그러면 그가 나 찾아 여기까지
올 거야

아가서 – 새벽기도 · 3428

오오오

사랑하는 장미를 만나거든 정말로 병이 나서 꿈을 타 마시더라 그렇게 전하기만 해 다오다오

오

오

그

– 아가서 6:1-3

얼마나 달라 – 새벽기도 · 3429

도대체
사랑하는 그대가 다른 이와 얼마나 아주 달라 달라서 애타하나
오오 그
장미가 나 찾아 앵두 볼로 오는 거

열매와 장미 – 새벽기도 · 3430

물 위에 장미 빛이 어리며 꿈 들고 온 그대의 빨간 불을 받았음!

선물이다
사랑의 열매들로만
쏟아내는 빛이다

장미다발 - 새벽기도 · 3431

봄빛이 오는 동안 당신이 거기에서 날 위해 장미다발
난 여기 그대로 서 기다림 열어두니
당신은 장미다발로 앵두입술 주어요

그리운 장미 – 새벽기도 · 3432

그리운 몸 부피로 들려온 장미송이 현주소 사랑 받이
무릎을 들먹이는
어머니 앵두입술로
밤새우는 빛이다
정열로

그대 장미 - 새벽기도 · 3433

정열로
솟구치는 춤이다 살짝 열린
가슴의
한쪽 끝에 뽀오얀 흰 살결을
본 순간
한 번 더 앵두 입술 보이는

장미는 늘 – 새벽기도 · 3434

그 길은 더로 더로 장미꽃
피어피어
있었죠
그랬었죠
내가 늘 사과나무
아래로 가는 거기에
늘 피어피어
있었죠

장미 피었으니 – 새벽기도 · 3435

사과를 한입 들면 그제 사 튀어나와
하늘로 가는 길에 장미꽃 피었으니
사과를 먹을 때에는 앵두 피리
불렀죠

장미 안고 – 새벽기도 · 3436

장미를 안고 안고
하늘이 노랄 만큼
눈앞이 샛노랗다 못해서 돋아난 내 사랑의
내 앞의 장미를 안고
그리워진 내음새

장미연서 – 새벽기도 · 3437

꿈 편지 앵두 볼이 그리운 연서에요
이야기 나누고파 가까이 다가가면
꽃으로 걸어 가보면 그 이름이 실려요

꽃 뿌린 나날들이 새벽에 이어지고
이야기 들리는 때 노래로 따라하는
한 밤중 꽃노래들이 앵두 볼로 피어요

꽃방석 맴 돌 돌아 꽃 뿌리 위로 솟은
연서를 읽느라고 두 입술 달싹이면
연서가 대답하느라 앵두입술 보내요

장미 사랑요 – 새벽기도 · 3438

사랑요
요기는 요
요기요 요기만큼 오느라 꿈 방울이
땅으로 요기요 기
사랑요 요기요기요 앵두입술 요기요

장미꽃망울 - 새벽기도 · 3439

우리는 꽃망울로 가슴이 다 보이는
날개를 달았어요 담 넝쿨 타고 가며
사랑이 이런 거라고 알려주려 하여요

빠알간 부피만큼 열어서 옮기어요
조금씩 타고 올라 오온통 사랑표시
행복이 이런 거라고 알려주려 하여요

햇빛이 쏟아지며 우리를 기다리자
하루가 사랑으로 행복을 시작하고
오온통 장미 벌판이 앵두 맛이 되게요

장미 하 좋아 – 새벽기도 · 3440

좋아라 싸비비 싸비비며
모이고 모이는 날 둘이서 셋이서
좋아라
하 좋아라하 하 좋아라 좋아 하

장미 별 - 새벽기도 · 3441

유난히 꿈이 많아 느을 늘 별을 보다
아아주 우연하게 별 닮은 가시내와
사랑해 아주 사랑해 별 속으로 빠진 날

아 그만 그녀에게 아아주 넘어가서
날마다 별 꿈꾸기 더하여 사랑하며
별나라 상큼상큼히 걸어오는 별 밤 야

멍석을 깔아놓고 둘이서 같이 누워
별 하나 나 하나야 아니야 별 둘이야
둘이서 사랑별로 뜬 우리 나날 그으지!

꿈나라 들어서도 날 보고 생긋 생긋
웃기에 하루 종일 힘이 나 나의 별아
오 별아 하늘 꽃비로 나에게 온 별아 오

꽃비가 내리네요 꽃별이 되어와요
아무도 보는 이가 없어도 절로절로
웃을 일 별의 웃음을 나에게 준 나의 별

별비가 내리는 날 별 꽃비 내리는 날
별 눈을 닮아가며 우리는 반짝반짝

긴 날을 아주 오오래 몽울몽울 우리 별

별 보고 일어나서 별보고 들어오면
잘했다 안아주며 웃어준 나의 별님
별 줍는 하루일과가 별 꿀맛이 되어요

그리움 별이 되어 사랑의 별이 되어
빛나는 별 바구니 한가득 반짝반짝
오늘밤 이 별 상자를 별님에게 드리리

별에서 나에게로 내려온 우리별님
한 아름 알콩달콩 별이 된 이야기로
꽃밭에 내려앉아서 한 생애를 살아요

장미 입맞춤 – 새벽기도 · 3442

하아얀 꿈이 익어 꽃 섶을 물들이면
사랑이 둘레둘레 여물어 손 모으고
안으로 감싸면서 서 그대는 늘 나를 봐

그대의 손에 잡힌 야곱이 집을 떠나
하란을 떠나면서 두 배의 입맞춤을
들고서 가는 길에는 두 눈 모두 바안짝

장미 바람 - 새벽기도 · 3443

바라만 보는 장미 내 마음 속에 있어
곁에서 있기만 해 내 가슴 울렁울렁
아무 말 아니하여도 산들산들 산드을

장미 사랑 - 새벽기도 · 3444

빛이다
노랑빨강 파랑을 들려준다
금방에 물 위에로 빨갛고 노랑빨강
현깃증 끌어올려서 사랑보라 우리는

어울려 팔을 들어 팔짓을 해 보아라
사랑의 팔 끝으로 오르는 향기보라
둥글글 들어보아라 사랑보라 우리는

사랑받는 여인 - 새벽기도 · 3445

살짝이 다가고픈 그리움 짙어지는
하 맑은 마음이어 내 사랑 들어가는
당신의 눈물 닮아서 아주 맑은 엎드림

노오피 달리시듯 눈 들어 하늘봐요
두 팔을 벌리시듯 언제나 껴안아요
당신의 벗으심으로 눈 둘 데를 몰라요

새하얀 하늘나라 하늘이 하얗도록
새하얀 얼굴에다 분홍의 웃음줍고
펄펄펄 끓는 여름에 해바라기 하와요

* 당신의 벗으심으로 싯구는 예수님의 십자가상의 모습임,

사랑스러운 장미 – 새벽기도 · 3446

언제나
사랑스런 언제나 웃는 이여

와아락 달려들어 함빠악 안고 싶은
모든 걸 털어놓고픈
하
맑음이 나오는

사뿐히 조용하고
하 맑은 앵두 닮아 두 손에 담아들면
금방에 물이 들어
배시시 맑은 사랑이
나에게서 나오는

단아한 머릿결에
순진한 모양새로
퐁퐁퐁 솟아나는 우리의 물이야기

오온통 사랑물결이 출렁출렁 일어요

장미 손을 - 새벽기도 · 3447

꽃으로 불꽃 잡고
왼손에 오른손에 두 팔을 잡고 나서 마주해 쳐다보는
빛나는 두려움 없는 가슴을 펴 우리는

나도 모르게 - 새벽기도 · 3448

맨 처음 해 오르면
닮아서 빨간 장미
장미라 써 붙이고
덩달아 빨갛다고
해 놓고 하루 종일을 빨갛도록 웃는다

볼 붉힌 해 따라서
종일을 따라하다
햇빛의 그리움을
얻어서 마냥마냥
햇빛에 장밋빛으로 빨갛도록 웃는다

울렁울렁 장미 – 새벽기도 · 3449

왜 그래 울멍울멍
산 높아 그런 거야
여름이 너무 더워 그러는 거야 그지
그래서 닮아 가는 거
나를 닮아 그러지

눈시울 붉히지 마
내 잠을 못자잖아
구름이 흘러가서 그러는 거야 그지
아니면 구름다리를 타봐야지 그러지

비 오면 비 그네를 햇빛에 햇빛그네
내려 봐 아니 면은 올라봐 그러지 마
웃음이 나오게 될 걸 울멍 울멍 하지 마

장미도장 - 새벽기도 · 3450

빠알간 도장이다 팍파악 찍혔네요
사방의 바람 잡아 파파악 찍느라고
온 땅이 장미도장에 찍혀있어 좋아요
- 계시록 7장에서

2부

앵두야

앵두야 어디 있니 - 새벽기도 · 3451

앵두야 어디 있니 지금야 보이네요
이제는 눈썹만큼 둥글게 내밀만큼
그대로 해 그림자 된 앵두입술 어딨니

앵두입술 - 새벽기도 · 3452

그 오정 쯔음에는 문 앞에 늘 앉았죠
사람 셋 맞은편에 있어서 얼른 가서
당신의 발 씻으소서 그런 후에 쉬소서

또 떡을 아주 조금 조금만 가져오니
한번만 잡소소서 그러면 되오리다
당신의 종이옵니다 그런 후에 쉬소서

세스아 고운가루 반죽해 떡 만들고
아아주 기름지는 송아지 잡았어요
당신을 위하여서요 그런 후에 쉬소서

빼터와 우유까지 송아지 모두 올려
드리니 모시오니 들어와 앉으시고
기다림 잡수시어요 앵두입술 되소서

- 1995. 9. 8일 5시 21분 17초

앵두 더드미 – 새벽기도 · 3453

빠알간 맨드라미 맨 몸을 들이미는
맨 살로 더듬더듬 빨갛게 들이미는
앵두가 익은 날에야 앵두입술 더드미

앵두입술로 – 새벽기도 · 3454

산 넘어 강을 넘어 구름을 넘어오며
유월절 넘어 넘어 더위를 넘어 오며
그리움 눈물방울을 넘어오며 보여요

저멀리 아스라한 끝자락 넘어오며
당신이 그 하늘에 보여요 아스라이
그리움 빨간 깃발을 넘어오며 보여요

아아주 이 한밤에 한 별이 섰으리다
야윏은 비단으로 하느을 하늘하늘
두 팔을 아름드리로 오라오라 보여요

보라로 보라보라 여기를 보라시며
끌리듯 이끌리듯 그리로 오라시며
만나를 앵두입술로 잡수시라 보여요
– 여호수아 5:10 끝

앵두입술 종 - 새벽기도 · 3455

수줍음 꽃이에요
다섯의 꽃잎날개 하얗게 드러내는
마음을 피우려하여 푸른 잎에 숨어서

푸른 잎 사이에요
빠알간 종을 달고
단 하나 사랑에요 앵두의 나무위로
연분홍 사랑을 심을 마음 길을 열어서

가슴과 배꼽사이
가슴 폐 넣어두며
연분홍 수줍음이 나날이 커가다가
화알짝 빠알갛게만 울릴 게요 땡 때엥

앵두는 태양에요
입으로 한 웅 큼 씩
먹느라 오물오물
앵두가 새콤 달 콤콤 새콤새콤 달콤콤

사랑을 먹나 봐요
나무에 달린 사랑 사르르 녹아들어 온몸이 풀리나뇨
사랑을 딸 수 있어요 오월단오 무렵은

앵두햇살덩이 – 새벽기도 · 3456

앵두는 햇살덩이
햇살의 덩어리를 해 사리
하느라고 그런 중 그러느라
오온통 마당 가운데 한가운데 뒷마당

오온통 온 마을이 화안 해 나무들이
숲들이 또 화안 해 잎들이 화안해서
나비들 화들짝 기지개 앵두 볼이 되느라

앵두꽃사슴 – 새벽기도 · 3457

목이 긴 눈이 높은 사슴이 두리두리
두리 번 봄을 탄다 봄이다 와 봄이다
한 걸음 옮기느라고 꽃잎들이 꽃사슴

꽃잎이 포롱포롱 앵두꽃 포올포올
달리는 사슴 발에 얹히며 내려앉아
사슴을 올려놓는다 꽃사슴의 앵두 발

꽃잎이 사뿐사뿐 사슴 목 언저리로
꽃가지 사슴가지 나무는 몽울몽울
가지는 안보이어라 앵두 되는 꽃사슴

언저리 그 언저리 앵두만 두리둥둥
사슴이 목둘레 꽃 앵두로 달아드는
앵두가 하늘중간에 얹히느라 꽃사슴

사슴이 눈높이로 하늘을 올려보는
목이긴 꿈 하나가 척하니 올라앉는
사슴의 목이 길어라 앵두나발 꽃사슴

한걸음 한걸음씩 옮길 때 그 때 마다
꽃들이 아주 작은 꽃잎이 아주 작은

꽃길의 앵두꽃사슴 팔짝팔짝 뛰노니

사슴이 살짝살짝 목둘레 하늘하늘
꽃잎에 사뿐사뿐 발걸음 날개 단다
사슴 목, 기인 언저리 몽울몽울 꽃잎이

꽃잎을 단 가지가 앵두의 입술로만
쳐다봐 꽃사슴이 앵두 입 달아주고
꽃잎이 둥둥 두우웅 눈높이로 뛰노니

앵두와 홍매화 – 새벽기도 · 3458

까아만 제 몸 위에 입술을 달았어요
빠알간 입술로만 말하고 싶어서요
긴 겨울 온 몸 까맣게 얼었어도 그래요

입술을 달았어요 오로지 말하려고
말하고 싶어서요 입술을 열었어요
한 눈을 팔지 않고서 가지 휘게 그래요

아 글쎄 말하려고 팡파앙 터졌어요
터지며 입술 열며 입술이 꽃술로요
한 마디 할 때마다 잘도잘도 열려요

하나도 아니고요 두울도 아니고요
세엣도 아니고요 파아앙 파아아앙
빠알간 입술이 돋아 입술꽃술 돋아요

파아란 하늘아래 빠알간 제 입술이
까아만 제 몸 위에 얹히며 꽃술입술
파아란 하늘에서도 입술소리 들어요

사랑울음 - 새벽기도 · 3459

사랑이
막
울기에

토다닥
등어리를
토다닥
손 사랑 펴
쓰다듬 쓰다듬어
울음이 뚝 그치도록 어루만져
앵두야

앵두오동통통 - 새벽기도 · 3460

꽈리가
도동통통

감나무
홍시감이
토도독

밤 곁에서
엎드린 가을이라

꽃 서리
주워 먹고는
이듬해 봄

오동통

앵두꽃잎 눈금 - 새벽기도 · 3461

마음을
풀어가며

어느 메
꽃잎으로

떠 오는
숨소리로

바다 속
겨울고기

하늘 못
둘레 둘레로
앵두꽃잎
그린다

앵두꽃잎 나리 – 새벽기도 · 3462

노랗게 산이 울다 지치는 봄이랑은 나리가 두 손들고 종일을 벌 서 있다
바람의 숨소리마저 노랗도록 켜 놓고

입술을 동그랗게 노오란 동그라미 부르는 앵두꽃잎 새파란 잎사귀 귀
요렇게 쫑긋거리며 앵두입술 숨긴다

앵두입술2 - 새벽기도 · 3463

날 조옴
데려 가아
주세요 비행기로
아니면 등록하고 싶으면 하라구요
누구나 나에게로
오 오면 당분간에는 앵두입술 그래요

사랑이 들고 나면 구름이 아프니까
하늘을 등에 업고 그러고 나서는 이
보름에 시골가려면 무얼 타냐
앵두입술 숨겨요

차로요 아니에요
사랑을 들고 나서
그리로 팔팔 구로
춤추며 산이 좋아
그리로 아름 아름이 앵두입술 그래요

편지 좀 보여 줘요
죽기 전 한 번 만날 그럴라 그랬는데
누구를 닮았냐구
바로 그 숨 쉬는 내 몸 앵두입술 숨겨요

물고기 앵두입술 – 새벽기도 · 3464

두 물의 두 물 머리 남한강 북한강의
둘이서 하나 되어 만나는 물고기로
우리는 오늘도 만나 하나 되어 흘러요

마 임이 나의 님이 되시는 사람 당신
우리 물 이렇게도 잘 흘러 서로 만남
부용산 청계산 곁에 형제봉이 지켜요

물로 된 사람이신 당신이 우리나라
헤어져 지내시지 마셔요 그리 마요
우리를 닮아보세요 두 물 머리 만나요

발길을 돌린 데도 언제나 만나지는
운명의 우리 둘이 살 비벼 서로 맞대
하늘에 오르고 올라 우리 둘이 살아요

푸르른 하늘까지 올라요 두 물 머리
물 위로 날아가며 사랑해 정말로요
한 물을 이루어가며 사랑하여 보아요

우리는 물이에요 물고기 물이에요
남한강 북한강요 남북이 한 강 한 강

하나로 정말 만나요 우리 둘이 안아요

머리로 두 물 머리 사랑을 안아들고
아아주 아름다운 우리 꽃 한 송이를
머리에 살짝 얹어서 향기 뿜어 볼께요

두 볼의 보조개네 봉긋이 들어나네
오오오 남한북한 한강의 남한강의
400년 느티나무의 아래에서 만나요

나란히 어깨 맞대 하나로 꽃바람이
훨훨훨 하늘 향해 날갯짓 하는 날에
두 산이 날개를 펴며 하늘 올려 주네요

꿀 먹고 자라는데 보조개 쏘옥 들어
지도에 참외 씨로 콕 찍어 광주부 1750
우리도 볼 비벼가며 콕콕 찍혀 박혀요

아가 앵두입술 – 새벽기도 · 3465

아가야
바람이 가만히 와 생명을 입안으로 넣누나 아가야아 보이지 않았어도 아가야 우리에게 와 기쁨이 된 아가야

바람깃
토독토독 두드린 사랑하나 열리며 생명줄로 드느라 밤 깊도록 엎드려 조심히 삼가 아가야아 아가야

초록의
잎사귀에 하얀빛 샬짝샬짝 새하얀 냉이 꽃에 노랑색 샬짝샬짝 토끼풀 샬짝샬짝콩 잘도 크네 아가야

아가야
너에게로 긴 줄을 내리는 날 긴 줄을 잡느라고 종일을 사랑 찾는 아가야 앞길 몰라도 잘 도 크누나 아가야

두 손을
모아들고 두 손을 모아 펴라 아가야 보이는 건 우리의 사랑꽃술 하늘빛 받아 내리어 우리 안의 아가야

아가야
소곤소곤 사랑을 모아보라 이웃이 오손도손 들려줄 사랑소

릴 들으며 웃어보려마 아가야아 아가야

무논에
노랗고도 새파란 모심기야 줄 맞춰 늘어서서 벼이삭 파랗도록 햇볕에 종종걸음이 익고 있지 아가야

아가가
울고 있네 이리로 오려들어 자꾸만 오려들어 보채고 또 보채네 잠자리 들려하는데 울고불고 아가야

이제는
홀로서라 아가야 울렁울렁 정말로 꽃이 되면 아아주 키가 저져 꽃바람 불어보아라 아가야아 아가야

햇살로
해살해살 꽃물로 포랑포랑 홀로도 커다랗게 자라렴 그래야지 파아란 나무들 늘어 울창울창 아가야

바람이
세차구나 그래도 하늘 푸름 아가야 아가야아 눈으로 안 보여도 우리들 이만큼보다 아가야아 아가야

바람 깃

바람막이 사랑 줄 잡아들고 열려진 생명줄로 이으며 대를 잇는 눈으로 안보이어도 아가야아 아가야

앵두피리 – 새벽기도 · 3466

바람이
불
고
있
다
뒷산을 넘고 넘어
젤 작은 가슴에다
필리리피필리이
앵두의 작은 입술로 작은 가슴 필리리

앵두줄기 – 새벽기도 · 3467

이새의 줄기에요 이제는 보이시며
말씀의 예수님이 양손에 영 드시고
새파란 앵두줄기에 높이 높이 서셔요

제 오는 길에 서신 세 분이 진 치시며
별 무늬 자리 잡아 거기에 앉히네요
하 한 별 어린 그분은 한 별로만 서셔요

말씀이 두둥시일 달 뜨네 보름달로
지혜와 슬기와 모략이 몽울몽율
우리를 날이 날마다 도우시려 서셔요

어어린 그분 곁에 호랑이, 송아지가
허리를 조아리는 파아란 들이에요
한 마당 덩실 더덩실 어우러져 서셔요
– 이사야 11장 1-11

앵두달팽이 – 새벽기도 · 3468

우리는 부러운 게 없어요 정말로요 우리는 한 몸으로 한 자웅 같이 있어 짝 짓기 한 다음에는 알 40개 낳아요

저 머언 달님이가 팽이를 팽글팽글 달팽이 밤이 되면 달 그늘 그 숲에서 미끈한 몸 뚱 아리로 마구마구 펴지죠

사람님 와우각상 어쩌고 하시어도 배로도 즙액 묻혀 두루 뭉실 잘 기다 사람님 귓속에다가 달팽이 관 드리며

더드미 쭈욱 빼고 마음껏 뽐내지요 고마워 정말로요 달팽이 달팽이 관 어지 럼 증이 없어질 우리 집에 계세요

또그르 풀잎 위에 딩굴며 또그르르 파아란 잎일 때는 파아란 모습으로 나뭇잎 그리움일 때 나뭇잎 달아서

벼 잎이 잘 자라는 무논의 기슭에서 이슬을 묻힌 다음 한 번쯤 보고 싶은 어여쁜 아가씨 볼에 감히 올라 팩하죠

물가의 그 아슬한 외로운 밤이슬을 차곡히 접었다가 꽁지 끝 거기에다 매달아 담백질 덩이 식사로도 드셔요

더드미 더듬더듬 배로도 뒤뚱뒤뚱 속눈썹 내리깔며 자암시 와우각상 벗어나 아주 맛있게 드시라고 바쳐요

파란들 나무숲의 물기를 말랑말랑 풀어다 포근포근 보드람 덩이 되는 단백질 식사자리에 어서 오셔 드세요

앵두 가을 - 새벽기도 · 3469

가을이 오고나면 그리운 나의 사람 사랑아 사랑하는 사람아 보고 싶어 아무리 고개 흔들어 아니라고 하여도

그리운 나의 사람 얼굴이 보고 싶어 그리움 눈이 맑아 나만을 사랑하는 사랑을 보듬어 안고 난 이렇게 살았어

해마다 가을이면 만나고 싶은 사람 밤마다 귀뚜리가 울어예 더욱 고픈 사람아 나의 사랑아 어디만큼 와 있니

아니야 바로 나의 앞에서 소근 대는 그래서 열두 달을 잘견딘 나의 일생 그러나 더욱 그리운 가을에는 더 고파

그곳에 만나던 땔 발길을 돌려가며 사랑을 찾아들고 나서야 그림자로 만나를 먹고 나서야 일어서서 와았지

사랑아 내 사랑아 가을에 만나고픈 나만의 내 사랑아 사람아 어디 있니 만나요 나의 사람아 나의 사람 사랑아

앵두바람 - 새벽기도 · 3470

바람이
앵두바람
발목을 감싼 바람

분홍 신
신기면서
분홍 꽃
바람 뉘리

분홍의
푸름 아래로
그네타고
내려
와

하늘이
내려와서
보리가 익어가고
그대가 주신 땅의
바람을
익혀가려
당긴 손

하늘크기로
그대 들어 보리오

가슴에 사랑 품어 보리는 익어가고
하늘이 내게 와서 저만큼 서 있어서
당긴 손 하늘만큼만 켜 들고서 나오는

앵두 기다림 - 새벽기도 · 3471

눈 뭉치
솜방망이
날마다 하얀 눈이 펴얼펄 내린데도
저 멀리
아침 해가
비치며 나에게로 와 녹여주며 웃네요

보이는 해를 두고 눈 나라
꽃이 피며
담장을 넓 나들며 노래를 들려줘도
하늘이 햇빛내리면 눈 녹아서 내리는

사랑을 밀물처럼 도리는 햇빛바람
눈빛을 한데모아 파랗게 기다리는
하늘이 봄의 뒷마당 내리느라 바빠요

어쩔 수 없어져요 아무리 눈이어도
눈덩이 하늘만큼 산만큼 싸이어도
햇빛이 무게 다느라 그리움을 내려요

앵두아가 - 새벽기도 · 3472

아가야
해살해살 아가야
아가야아
눈썹달 웃느라고
두 발을 오무렸다
펴었다 웃음방울이 나를 향해 있구나

아가야 하얀 맨발이
꼬물꼬물 아가야

앵두선생님 – 새벽기도 · 3473

선생님 선생니임
우리이 선생니임
교실 문 열으시며
우유 빛 목련으로 눈으로 웃으시는
선생님 우리 선생님
앵두입술
말씀이

웃으셔 좋아하다 온 생애 멈춰버린
봉오리 선생님을 그냐앙 좋아하다
좋아요 그냐앙 좋아
앵두입술
가르침

좋아요 공부하라 그러심 정말 좋아
함초롬 녹아들어 오늘도 좋아좋아
좋아요 그냐앙 좋아 좋아좋아
좋아요

앵두능금 - 새벽기도 · 3474

능금이 능금나무 시작을 알려주는 처음을 빵빠레로 울리는 능금이가
오온통 앵두 빛깔로 과수원에 널리네

앵두내음 - 새벽기도 · 3475

분홍빛 분 냄새가 포올 폴 나는 길에
겨울과 여름 사이 그 사이 사는 봄에
졸졸졸 흐르는 봄은 앵두 내음 동네지

산 벚꽃 버드나무 몰려든 골짜기에
봄은 또 연못하나 만들고 사는 봄은
포르르 골짜기마다 앵두 내음 동네지

봄맞이 따라가면 갈수록 여름으로
도망칠 봄이기에 뒤돌아 나오면서
봄의 등 산허리 끼는 앵두 내음 동네지

바람이 달디 달게 달리며 봄을 열면
한 그루 나무로 서 휘도는 봄바람에
물오른 봄을 잃을까 앵두 내음 동네 지

봄은 늘 알롱달롱 알로록 볼록달록.
암호를 맞추느라 손으로 토독토옥
물오른 봄 잃을 까 봐 앵두내음 동네지

앵두바람2 – 새벽기도 · 3476

훗훗한 봄바람을 비비며 울렁울렁
정말로 꽃이 되는 내 가슴 찰랑찰랑
꽃비가 앵두꽃바람 들고 가며 울러엉

앵두 약수 – 새벽기도 · 3477

물 위로 걷는 이의 물을 떠 마신 후에
눈꽃이 해살 해살 웃는 게 아 아마도
물 위를 걸으라 란 말을 들은 앵두 약수다

햇살로 웃는 거는 물 위로 걷는 거라 이르매 해살해살 웃는 게 아 아마도 새 싹이 돋으라는 말로 들은 앵두 약수다

앵두 불 – 새벽기도 · 3478

불을 잘 붙여보면 금방에 앵두 볼 불
불빛은 볼에 붙어 앵두 볼 짙어진 데
마음이 활활 타도록 앵두 볼이 나선다

입술이 들어나며 금방에 앵두입술
사랑이 금방 나와 속삭인 웃음 뒤에
마음이 살짝 얹히어 앵두웃음 환하다

앵두사랑 – 새벽기도 · 3479

그대가
살아있어
정말로 고마와요

하늘이 두 쪽 나도
살아서 움직이는
눈으로 바라보도록 너무너무 고마와

기도 앵두 볼 - 새벽기도 · 3480

눈에는 하얀 꿈이 쌓이고 쌓이는데
산에서 기도하고 내려온 눈빛 속에
그 속에 앵두 사랑이 쌓이고도 앵두 볼

하늘의
메시지가
들어서
금방에도 알게 한 얼굴위로 앵두 빛 얹히면서
그리움 화안하여라 앵두사랑 앵두 볼

하늘의
명령만이
닥아 와
빛나나 봐 그러면 그럴수록 다소곳 수줍음이
가만히
앵두 입술을 달싹달싹 앵두 볼

어머니 앵두 볼 – 새벽기도 · 3481

오
너를 복중에 짓기 전 넌 내꺼야
나오기 전에 너는 오로지 넌 내꺼야
비치는 얼굴이 온통 하늘이고 바다고

내
말을 들어보아 내가 널 누구에게 보낼 것 같아지니
절대로 아니란다
그냥 꼭 오기만 해라 내 말 먼저 들어 봐

넌
내게 웃기만 해 내 길로 날아와라
하늘의 유리바다 너의 꿈 물바다에
비춰줘 나를 꿈꾸게 하는 너는 누구니

하늘에
물 흐르며 땅 끝이 비쳐지면
걸어와 사뿐사뿐 쇠풀 무 벗어나 봐
오라는 내 목소리를 들어봐라
오오오

보고픈 어머니 - 새벽기도 · 3482

어머니
보고 싶어
이 밤은 깊은 샘이
우물을 길어 올릴 날 위해 베풉니다
하늘 꽃 실타래에로 그리움 드는 앵두 빛

아들도 앵두입술 앵두 볼 딸내미도
보고픔 바람들이 어느새 아침을 몰고 와서
하늘 꽃 이야기들을 쏟아놓는 앵두 빛

아침 해 앵두 빛에 하늘 꽃 윤이 나서
그리움 콕콕 찍어 오늘을 오물오물
햇빛에 잘 익어가며 동글동글 앵두 빛

어머니의 오! - 새벽기도 · 3483

사랑아
나의 등에 업히라
살 맞대고
함박꽃
가득물고
어부바
오 옳지 사랑무늬
따스한 나의 분신인 네 살결의 앵두 볼

어부바
오 사랑아
내 몫의 살아있는
아가야
그림 사랑 어부바 앵두 사랑
어부바 등에 업고서 어화둥둥
앵두 볼

어머니2 - 새벽기도 · 3484

어머니 보고파요 동그란 얼굴위에
유난히 아름답던 오똑한 코 아래에
봉긋이 피어나던 입 앵두입술 보고파

어머니 그리워요 동그란 얼굴 안에
어머니 노래노래 자꾸만 앵두 볼이
저에게 닥아 오셔서 내 사랑아 보고파

보고파 종종걸음 치시며 웃으시던
품에서 폴폴 나는 달콤한 앵두 내음
봄 햇살 그처럼 만큼 살아가요 보고파

어머니의 앵두 – 새벽기도 · 3485

앵두요 앵두에요 어머니 태에서만
얻어온 선물에요 분홍의 손톱에는
어머니 뱃속에서 온 그 닮음이 들어서

아침의 노래가락 아니라 여름의 땀
하루를 잘 익히는 버릇이 살아나서
앵두 빛 예쁜 앞치마 그 닮음이 들어서

희명希明 – 새벽기도 · 3486

신라의
한기리에
희명이
그의 아이 눈 멀자
드림으로 천 번을 눈 비비고
천 번을 눈 비비고서 눈이 뜨는 희명이

젤 먼저 어머니의 앵두 볼 보고난 뒤
차츰음 밝은 빛을 가슴에 모아두는
사랑을 앵두 빛으로 눈이 크는 희명이

닮은 앵두 – 새벽기도 · 3487

어머니 얼굴에는 둥글고 아름다운
눈빛이 하늘 닮아 입술이 방긋하여
작은 딸 입술 방긋해 앵두 볼에 코 오뚝

아들의 얼굴에는 하늘이 들어 있고
입술은 앵두 입술 커다란 힘을 넣어
자전거 둘둘 말이로 앵두 볼에 코 우뚝

어머니 시집 – 새벽기도 · 3488

첫날밤 살로 달아 삼 뿌리 심기더니
석 달에 실린 시집 꿀단지 맴 도더니
삼년은 시리도록 실려 앵두입술 어머니

새끼줄 소나무에 매달아 고추 셋도
돌 달아 삼가도록 아무도 못들 도록
알리신 시집에서 사는 앵두볼의 어머니

꿀 맛 깨 맛 들도록 인삼을 같이 넣어
해맑은 햇빛으로 해 닮은 아들 키워
달 닮은 딸을 키워 낸 앵두 볼의 어머니

아가야 – 새벽기도 · 3489

아가야
나의 아가
아가야
하늘이 다
내려와 봄빛이다
뒷뜰에
앵두나무
앵두 잎 싹이 돋아나
꿈틀 꿈틀 아가야

앵두미소 - 새벽기도 · 3490

꽃길이 앵두미소 살짝이 들이밀고
내 길이 앵두미소 살짝이 내어들고
그래서 우리 길에는 앵두미소 남는 길

오라며 앵두미소 꽃등 든 길이어서
이슬을 부어주고 남아 돈 앵두미소
햇빛을 잘 받으라며 앵두 해가 내리는

앵두웃음 – 새벽기도 · 3491

꺄르르 솟아나는 열 입곱 우리들은
만나면 웃어재껴 앵두가 웃어댄다
뜰 솔솔 건강한 싹의 얼굴 햇빛 앵두 볼

앞치마 앵두 볼로 이슬을 콕콕 찍어
앵두 볼 금 쪽 같이 쓰 담아 심으시고
아직도 앵두 입술을 일으키며 앵두 볼

어머니사랑 - 새벽기도 · 3492

어머니 그리움은 우리를 낳으실 때 몸조심 하시면서 하늘의 햇빛 닮은 아이를 낳으시고는 앞마당이 앵두 볼

해 안고 돌으시며 앵두를 닮아가는 꽃잎의 끝부분에 단맛을 모아 모아 앵두야 자라나라 신 온 집안이 앵두 볼

잘 다녀 오너라이 그래야 조심하고 문 열어 주시고는 하나의 줄기라도 다칠까 앵두입술로 기도하신 앵두 볼

들판에 묻혀있을 앵두 빛 하나하나 모아서 스무개도 더 들은 사랑만을 꺼내어 앵두얼굴로 맞아주는 앵두 볼

온 누리 녹아 있을 햇살로 반짝반짝 온 집안 앵두 볼을 켜놓은 우리 안에 시냇물 그 맑은 흐름 창 안에서 앵두 볼

아가하늘 – 새벽기도 · 3493

아가의 하늘식탁 마련할 날이네요
바람이 가만히 와 엎드리는 날이네요
생명이 한 웅 큼 드는 앵두미소 날에요

아가야 이제 겨우 일어선 아가야아
일어서 일어서라 앵두 볼 힘이구나
사랑의 일기 쓰느라 앵두미소 날에요

앵두색 샬짝 – 새벽기도 · 3494

초록의 잎사귀에
앵두색 샬짝샬짝
돋아난
잎사귀에 앵두색 샬짝샬짝
살았음 둘러리서
풀잎을 물때마다
앵두색 샬짝샬짝콩
샬짝샬짝
샬짝콩

앵두노래 – 새벽기도 · 3495

둘이서 하나에요
앵두의
노레에요
가슴이
보이어요
사랑이
보이어요
둘이서
하나이에요
반짝이며 보이는

둘이서 하나 되는
둘이의
앵두에요
가슴이
보이어요
사랑이
보이어요
둘이서
하나이어요
반짝이는 등에요

앵두 색 – 새벽기도 · 3496

마음에 하늘표시 그토록 기인 날을 우리는 함께 있어
가슴에 둘이 들어
앵두 빛 가슴으로만
우린 느을
앵두 볼

가슴에 넣어두는 앵두빛 가슴이랑 한시도 나는 너를 너는 날 우리 함께
사랑을 반반씩 그린 동그라미 앵두 볼

늘 나의 곁에서만 늘 너의 곁에서만 우리는 사랑 물을 먹으며 살아가는
그리움 그 모양으로 앵두가슴 앵두 볼

앵두입술신부 – 새벽기도 · 3497

눈감아 버릴 밖에

꽃망울
망울망울 부풀어 그 내음
눈감아 버릴 밖에
기도에
꽃길 트이는 앵두입술 보이면

내 신부
입술은 꽃 방울이 떨어지고
혀 밑에
꿀과 젖이 흐르고 향, 향 높아
신부야
잠근 동산이요 우물이요 봉한 샘

신부야
이리와라 나의 누이
내 눈으로 한 번 더
구슬의 꿰미로 꿰어 올린 아롱다롱
포도주
향 품 보다 승해 단 꿀 흐르네 앵두 입

앵두입술이 – 새벽기도 · 3498

아가는 늘 언제나
엄마 젖 그리느라
입술이 앵두 입술
한 모금 물때마다
입술이 앵두입술로 오물오물 거린다

앵두꽃 필 무렵 – 새벽기도 · 3499

분홍빛 분 냄새가 포올 폴 나는 길에
겨울과 여름 사이 그 사이 사는 봄에
졸졸졸 흐르는 봄은 앵두꽃이 필거나

산 벚 꽃 버드나무 몰려든 골짜기에
봄은 또 앵두나무 만들고 사는 봄을
포르르 골짜기마다 앵두꽃이 필거나

봄맞이 따라가면 갈수록 여름으로
도망칠 봄이기에 뒤돌아 나오면서
봄의 등 앵두가 달린 그리움이 필거나

앵두옥색고무신 – 새벽기도 · 3500

옥색의 고무신이
  사알짝 들어났다
    숨었다 하는 동안
      옥색의 젖가슴이
옥색의 *치맛바람*을 나풀나풀 날린다

이영지 기독교시학의 정체성

이 영 지
(문학박사. 철학박사 시인 시조시인)

1. 서론

(1). 문제의 제기

본 논문은 이영지 시인의 시집『장미와 앵두』에서 연작 제목으로 일관되고 있는 100편에 대한 '장미'와 '앵두'를 등가성으로 연구한다. 이영지 시조작품에서의 '장미'와 '앵두'는 모두 살아있음의 진리인 정체성을 붉은 빛으로 한다. 이 빨간 색은 피의 상징성이다. '장미와 앵두'가 같이 엮어 질 수 있는 것은 둘 다 장미과에 속함으로 서이며 살아 있음의 소중함을 구체적인 꽃과 열매의 지시어로 가장 사랑하는 사람들 사이에 오고 갈 수 있어서이다.

'장미'와 '앵두'에 잎이 푸르게[1] 있다. 빨갛고 파란 아름다움이 있다. 특히 앵두나무는 붉은 색이어서 그 오묘함의 대립성 즉 빨갛고 파란 잎의 극치를 드러낸다. 가장 빨간 색은 '피'를 성경에서는 '담'[2]이라 한다. 그런데 제일 처음 사람 이름이 아담dke.

1) פֶּלֶג(페레그 · 푸르게, 시 65: 10).

아담의 '아'는 나를 말하고 '담'은 우리 몸 속 피 즉 내가 살아있다는 설명이 된다. 피 '담'[1]을 가진 살아있는 나이다. 그리고 죄인을 위해 예수 그리스도의 피 바로 나란 존재는 예수님이 내 죄를 대신하여 피를 흘리셨으므로 나는 살아 있는 귀한 존재이다. 그리고 우리가 '피'[2]하고 발음한다면 그 의미는 '내 입'이다. 이 세상에서 입으로 말할 수 있는 존재는 하나님의 말씀을 잘 전하기 위해 존재한다.

창세기에서 사람 아담부터 만들어 내는데 우리 셋 곧 성부와 성자와 성령이 합하여 삼위일체가 남자를 만들어낸다 하였다. 성령과 피와 물로 증거 하는 이가 셋이니 성령과 물과 피라 이 셋이 합하여 하나니라[3] 하여 만들어 낸 사람이다. 증거가 된 남자 아담은 하나님이 주신 진리를 인식하고 배워서 이끌어 내는 존재이다. 일반적으로 남자는 아담하게 기억하는 존재이다. 남자는 하나님의 뜻을 지키는 존재, 지키려[4]하는 존재이다.

또한 남자와 여자가 생기게 된 이유가 성경에 있다. 남자 아담 곧 피를 가진 남자가 너무 외로워하니까 하나님이 남자 아담 곧 나의 왼쪽 갈빗뼈로 여자를 만들어 준다. 그리고는 그 하와에 대하여 '이는 내 뼈 중에 뼈요 살 중의 살'[5]이라 한다. 시적 조명[6]이다. 힐만은 아담의 하와[7]를 부부로서 부모가 되는 관계[8]라 하였다.

---

2) דָמִים(담밈 · 피).
1) דָמִים(담밈 · 피).
2) פִי(피 · 내 입의, NMS.CXS, my mouth, 잠 5:7).
3) 요한 일서 5:8.
4) זָכָר(자카르 · 남자, 창 1: 27, 32: 13).
5) 창 2: 23.
6) 홍문표,『기독교 문학의 이론』(서울: 창조 문학사, 2005), 533.
7) 창 2: 22.
8) James Hillman *The Myth of Analysis(*New York: Harper colophon books. 1978), 216~217.

그런데 여자는 남자의 기억을 기록할 녹명 인자[1)]이다. 여자는 남자가 여자를 보고 내게 봐[2)] 하는 존재이다. 남자인 아담이 내게 와 하는 존재 그래서 여자는 남자에게로 시집갔다고 한다. 둘 부부는 성경에서 혈연관계[3)]다. 남자의 갈빗대 '대신'으로 번역된 이 '대신'이 바로 밑바닥에 닿았다이다. 이 닿았다[4)]의 부부관계는 살[5)]이 닿았다이다. 브라트시오티스[6)]는 복음 곧 여성 이미지라 하였다. 여인들은 늘 조잘조잘 대며 복음을 전하는 여자들이미지이다. 남성의 씨 복음의 씨를 낳는 여성이다.

생명이 소중한 이 피를 대신하는 이 시집의 소재 장미와 앵두는 생명의 땅에서 자라 사랑열매 색을 빨강의 앵두로 한다. 생명의 살아 있는 빨간색으로 열매를 단다. 파아란[7)] 잎을 달며 파랗게[8)] 푸르러서[9)] 푸르게[10)] 빨강 장미와 앵두를 단다. 빠알간 꽃과 빠알간 열매는 바로 생명의 살아있음 색이다.

사랑의 열매 장미는 달콤한 향기를 낸다. 장미의 향기는 살아있는 향기이다. 장미는 가시도 있다. 사랑이 상처로 남는다. 반면 가장 아름다운 처녀의 입술 '앵두 같은 입술'이다. 아가의 입술도 된다. 마음이 잘 표현된 앵두, 앵두 입술이다. 말씀에 익을 때로 익은 앵두 볼이다. 말씀전하는 앵두입술이다.

장밋빛 인생이라 한다. 앵두 열매로 아름다움을 삶을 만끽하는 『장미와 앵두』 시집이미지는 1부 장미와 2부 앵두로 되어 있다.

---

1) 錄名因子.
2) נְקֵבָה(내게바 · 여자, 창 1: 27).
3) 창 3: 16.
4) תַחְתֶּנָּה(타흐타나 · 밑바닥, 창 2: 21).
5) בָּשָׂר(빠사르 · 살, 창 2: 21).
6) Bratsiotis, N. P,"בשר," *TDOT* Ⅱ, 317-332.
7) פָּרָה(파아라아 · 생육 · 번성, 출 1:7; 사 11:1).
8) פָּרַת(파라트 · 열매맺다 호 13:15).
9) פרץ(프로쯔 · 창성, 출 1:12).
10) וְהִפְרֵתִי(베히프레티 · 내가..번성케하리니, 창 17:6).

‘장미와 앵두’를 소재로 한 이 시집은 시조작품으로 되어 있다. 시조작품만이 가지고 있는 3 · 4의 리듬을 3400번으로 시작하였다. 100편이 되는 3500번까지 순서로 나열되어 있다. 시조가 지닌 초장에서 꿈을, 중장에서 현실을 그리고 종장에서 이에 대한 회복을 나타낸[1]다. 초장이 지닌 절대성의 흠모 내지는 꿈이 들어가게 지어진 이 서정시는 ‘나’와 절대자와의 거리를 신앙 고리로 한다. 그리고 중장에서 현실성을 그리고 종장에서는 회복성을 의미화하려 한다.

(2). 신앙서정시의 정체성

『장미와 앵두』 시집은 수천 년의 역사가 증명해주는 한국 전통 시 시조작품의 형태이다. 인간이면 누구나 가지는 초월성으로 그리고 중장에서는 시인의 꿈과는 다른 현실성으로 한다. 그리고 종장에서 그럼에도 불구하고 시인이기에 가지는 회복을 주제로 한다. 『장미와 앵두』 시조집에서의 시적 화자 ‘장미’ ‘앵두’는 시인과 절대자와의 사이에서의 시인의 정서를 장밋빛 열정을 드러내려 한다. 두 번째는 순수한 삶의 그 회복을 기다리는 일이다. 이를 실망시키지 않으시는 하나님 은혜로 하여 세 번째는 기쁨의 존재 살아있음을 감사한다. 초월과 현실의 시 그 엄연한 현실 앞에서도 결코 절망이 아닌 기쁨을 드러내는 종장이 있다. 감사하는 이 마음을 종장에서 드러낸다. 바로 현실을 이길 수 있는 힘이다. 그러기에 절대치 시조종장에서의 첫 구의 3자로 감탄한다.

시조작품의 묘미는 이 절정의 감탄어이다. 시조 종장의 첫구 3자는 이와는 달리 허사 리듬이 종장 끝구를 가진다. 이 오묘한

1) 이영지, ‘전통성’ 『이상시연구』 (서울: 양문각, 1985)., 『이상시학 연구』 (서울: 영예문학, 2017)., 352~368, 『한국 시조시학 연구』 (서울: 영예문학, 2017)., 참조.

어울림, 바로 서로 다르지만 어울리는 아름다움은 한국인이면 누구나 좋아하는 소월 시에서 발견된다. 허사 리듬[1)]이 말해준다. 그리고 이세보 시조집 456수에서 드러나는 허사적 리듬[2)]이 이미 우리 선조들이 그러했다. 장미와 앵두』는 전통 시 시조작품이다.

2 '장미'와 '앵두'

(1) 장미와 앵두

시조집 『장미와 앵두』는 1부와 2부로 나누어진다. 1부에서는 장미를 그리고 2부에서는 앵두를 소재로 한다. 시인은 1부와 2부 모두 처음에서 눈으로는 보이지 않는 하나님을 "어디 있니"로 시작하여 신앙시의 면모를 은유하였다.

『장미와 앵두』

순	1부 장미	주제	순	2부 앵두	주제
1	장미야 어디 있니	사랑 숨음	51	앵두야 어디 있니	먹이
2	장미의 물방울	생명의 물	52	앵두입술	먹이장소
3	장미 飛	날기	53	앵두 더드미	먹이찾기
4	장미꽃잎과 청소부	아름다움	54	앵두입술로	유월절
5	그리움이 물들면	물들기	55	앵두입술 종	먹이알림
6	오월의 장미는 男	빨간 모자	56	앵두햇살덩이	햇살
7	눈을 들어 본 때	눈에 띄는	57	앵두꽃사슴	눈
8	사랑 장미의 길	사랑장미	58	앵두와 홍매화	사랑 맛
9	장미의 아빠 엄마	웃음 부탁	59	사랑울음	유혹
10	안 해 장미	아내 웃음	60	앵두오동통통	유혹

---

1) 소월의 「진달래꽃」 시 4연의 '산에는 꽃지네/ 꽃치지네/ 갈 봄 녀름업시/ 꽃치지네'이다. 시조의 경우 종장 4구에 해당하는 '하노라' 류의 생략형 어미와 연계된다. 어울림의 아름다운 리듬이 되는 「진달래 꽃」 시 4연은 시조처럼 허사적 리듬을 가진다: 이영지, 『한국시조시학 연구』 (근간)., 385.
2) 진동혁 역, 『이세보시조집』 서울: 정음사, 1984.

11	은방울 장미	행복 웃음	61	앵두꽃잎 눈금	앵두
12	장미의 행복이끼	행복정의	62	앵두꽃잎 나리	봄 봄
13	노란 장미와 빨간	이별 만남	63	앵두입술2	유혹
14	행복장미 잎 입	안식 잎	64	물고기 앵두입술	통일
15	장미 비	그리움	65	아가 앵두입술	선물
16	장대 장마 장미	안았어요	66	앵두피리	눈 밝아
17	장미가 오라네	앵두입술	67	앵두줄기	예수
18	장미꽃잎이	아름다움	68	앵두달팽이	차례
19	장미 섬	유혹	69	앵두가을	저장
20	장미 잎 사랑	안식	70	앵두 바람	바람
21	오로지 장미	오로지	71	앵두 기다림	기다림
22	꿈길 장미	소녀의 꿈	72	앵두아가	자람
23	사랑 움이 돋아	사랑 움이	73	앵두선생님	좋아
24	장미 너는	빛	74	앵두능금	선물
25	아예예	그리움	75	앵두내음	기분 좋음
26	날보는 장미	알았어요	76	앵두바람2	울렁울렁
27	오 병이 났다	사랑 때문	77	앵두 약수	약수
28	아가서	사랑 병	78	앵두 불	불
29	얼마나 달라	사랑최고	79	앵두사랑	살아있음
30	열매와 장미	사랑 결실	80	기도 앵두 볼	기도 후
31	장미다발	사랑부피	81	어머니 앵두 볼	아만;
32	그리운 장미	그래서	82	보고픈 어머니	어머니
33	그대 장미	그대	83	어머니의 오!	사랑
34	장미는 늘	사랑은 늘	84	어머니2	보고픔
35	장미 피었으니	늘 사랑이	85	어머니의 앵두	사랑
36	장미 안고	헤어짐	86	희명	교육
37	장미연서	연서	87	닮은 앵두	피
38	장미 사랑요	사랑	88	어머니 시집	시집
39	장미꽃망울	행복오기	89	아가야	사랑결실
40	장미 하 좋아	좋아	90	앵두미소	미소
41	장미 별	빠짐	91	앵두웃음	웃음
42	장미 입맞춤	달콤함	92	어머니사랑	어머니
43	장미 바람	오직	93	아가하늘	자람
44	장미 사랑	사랑농도	94	앵두색 살짝	조화
45	사랑받는 여인	사랑소유	95	앵두노래	하나로
46	사랑스러운 장미	아름다움	96	앵두 색	표시
47	장미 손을	사랑 들고	97	앵두입술신부	새 삶
48	나도 모르게	사랑웃음	98	앵두입술이	아가는
49	울렁울렁 장미	두근거림	99	앵두꽃 필 무렵	봄
50	장미도장	사랑소유	100	앵두옥색고무신	사랑신고

100편의 『장미와 앵두』 시조집은 장미와 앵두 둘 다 장미과에 속하는 이유로 같이 묶었다. 1부의 장미는 향기와 색채로 그리고

2부 앵두는 먹을 수 있음의 변별성에도 둘 다 색채가 빠알간 색으로 하고 의인화하였다.

『장미와 앵두』는 3위가 되는 '초장 중장 종장'의 시조작품 형식이다. 3위는 신의 영역이 되는 성부와 성자와 성령의 3위를 말하는 것이지만 시조작품의 3위는 시조의 초장 중장 종장 셋으로 자리하였다는 뜻으로 한정한다. 셋이 하나 되는 시조의 형식은 귀중한 눈뜨기 곧 눈을 높이 들어 당신을 제일로 하는 신앙시인의 감사이다. 장미와 앵두의 빨강색 선호는 3과 4의 시조리듬이 합하여 7글자가 되는 데에 의미도 부여하였다.

시조작품의 신비의 조화 3과 4글자가 만드는 아주 중요한 시조작품의 뚜렷한 의미는 신학문제 죄악과 관련된다. 성경은 죄를 짓는 특징을 '서너'[1]가지 혹은 서너 사람으로 한다. 사람이면 누

---

1) 불순종 서너 가지가 바로 8회 "여호와께서 가라사대 .. 서너가지 죄"로 인한 8회다. 매 회마다 '코 아마르 여호와 알-쉐로솨 프스에.베알-아르바아아'이다. 다메섹 · 가사 · 두로 · 에돔 · 암몬 자손 · 모압 · 유다 · 이스라엘 순서다. 다메섹의 서너 가지 죄로 시작되는 순서다. ① 첫째: 다메섹 저희가 철 타작기로 타작하듯 길르앗을 압박하는 서 너 가지 죄로 인하여 하나님이 그 벌을 돌이키지 아니하겠다는 것이다. ② 둘째: 가사의 서너 가지 죄로 인하여 내가 그 벌을 돌이키지 아니 하는 내용이 바로 가사 저희가 모든 사로잡은 자를 끌어 에돔에 붙였기 때문이다. ③ 셋째: 두로 의 서너 가지 죄는 저희가 그 형제의 계약을 기억하지 아니하고 사로잡은 자를 에돔에 붙였기 때문이다. ④ 넷째: 야곱의 아들 중, 형이 차지한 에돔이 칼로 그 형제를 쫓아가며 긍휼을 버리며 노가 항상 맹렬하며 분을 끝없이 품은 죄(암 1: 11)이다. ⑤ 다섯 째: 여호와께서 가라사대 암몬 자손의, 롯의 아들과 그 자손이 자기지경을 넓히고 있다. 죄악은 길르앗의 아이 밴 여인의 배를 갈랐기 때문이다. ⑥ 여섯째: 여호와께서 가라사대 모압이 에돔 왕의 뼈를 불살라 회를 만들었기 때문이다. ⑦ 일곱째: 저희가 유다 죄로 여호와의 율법을 멸시하며 그 율례를 지키지 아니하고 거짓 것에 미혹하였기 때문이다. ⑧ 여덟째: 이스라엘 이 은을 받고 의인을 팔며 신 한 켤레를 받고 궁핍한 자를 팔았기 때문이다. 3과 4의 합은 7이다. 7의 1000배로 하나님은 바벨론 군대 앞에 좌절하는 엘리야의 마음을 위로하시려 무릎 꿇지 아니하는 7000명을 남겨두시었다. 7의 10배, 7의 100배, 7의 1000배의 일곱 강조는 일곱째 날 · 일곱 양각 나팔 · 하나님의 아들들 · 예물 · 우물 · 교회 · 나팔 · 일곱 인 · 수양 · 수송아지 · 천사 · 일곱 집사 · 진노의 대접등등에서 성경은 유별나게 이 일곱을 강조한다. 7은 3과 4의 합이다. 이 황금비율을 성경은 여호와께서 백성의 상처를 싸매신다. 고치시는 날에는 달빛은 햇빛 같겠고 햇빛은 칠 배가 되어 일곱 날의 빛과 같으리라

구나 죄를 짓는 무게를 성경은 서너 가지로 한다. 바로 우리의 일상성을 말한다. 시조작품 또한 이 '서너'의 3과 4글자의 아름다운 리듬 율을 지닌다. 이 둘이 합하여 하나의 구 7자를 형성하는 기본리듬이다. 시조작품은 이 아름다운 3 4의 리듬을 무려 4회 반복한다. 이 4회 반복은 일상성의 사방 4곳을 상징한다. 4회 반복되면서 초장과 중장을 만들어 낸다.

이 리듬은 성경에서 그대로 서너 가지의 죄 무게를 감당해주는 이 무게 죄를 갚는 의미를 3과 4가 합한 수 7로 하여 2회 곧 초장과 중장이 된다. 바로 우리가 늘 쓰는 직사각형의 비율이 다름 아닌 3:4의 비율이고 신학적인 십자가의 비율이고 시조작품만이 지니는 비율 3자 4자의 3:4 비율이다. 이들이 합하여 만들어 내는 리듬이다.

그런데 서너 가지의 허물을 사하는 의미를 시조작품에서는 종장에서 한다. 신앙인에게는 주인공이 예수이다. 바로 대표적인 십자가비율 3대 4의 직사각형적 황금비율은 예수님의 가슴 한 가운데로 모아지며 사랑의 나선으로 예수님 가슴 안에 한 점 피로 종결된다. 바로 종장의 의미이다. 십자가형의 모양 비율 그대로 예수님 가슴이 되는 십자가에서의 사랑의 빨간 피가 되고 그 대표적인 상징성으로서 장미가 있다. 이와 동시에 시의 열정을 심상 이미지 앵두로 시인은 합하였다. 예수님의 가슴에서 흘리는 피의 흔적은 우리들이 그토록 좋아하고 많은 이야기를 낳는 시인의 작품에서 빨간 장미이고 열매 앵두이다.

이 비율은 황금 비율 1:1.6180339887…을 만든다. 이 황금 비율은 활기와 생기를 불어 넣어 주는 황금 비율 3 · 4의 파이비율이다. 17세기 수학자 Jakob Bernoulli에 의해 처음으로 공식화 된 황금 직 사각형 안으로 점점 더 작은 황금 직 사각형을 만드는

하였다. 일곱 집사를 비롯하여 바알에게 무릎 꿇지 아니하는 7000명을 남겨 두었다. 수양 일곱과 수송아지 일곱을 번제드리며 일곱인 · 일곱 나팔 · 일곱 교회 · 일곱 천사 · 진노의 일곱 대접 등 이 일곱은 203회나 반복된다.

대수 나선이 되어 안으로 곡선이 형성된 황금비율의 3과 4의 흐름 안에서 하나님의 사랑이 햇볕과 물과 공기를 얻으며 생물이 산다. 이 비율은 온 자연계에나 삼라만상에 존재하는 리듬이다. 생물들이 살아가는 리듬이 바로 시조작품의 비율이다. 온 우주법칙이 적용되는 리듬이다. 그러기에 한국의 시조작품은 자연생성의 리듬이다. 한국의 말로서 나타나는 리듬 비율이기에 시조작품의 중요성이 대두된다.

이 3 · 비율 리듬은 활기와 생기를 불어 넣어 주어 식물 줄기의 잎의 배열로 피보나치 수들이 발견되는 부활비율이다. 줄기의 비율 곧 위에서 내려다 볼 때 줄기의 호[1]가 어떤 엽저[2]의 잎의 밑 부분에서 다음 엽저로 형성되어지는 3: 4의 비율 때문에 햇빛이 비쳐든다. 줄기 둘레에 분획(fraction)이 새겨지면서 계속 안으로 접어들어 한 점 꽃 피는 비율이다.

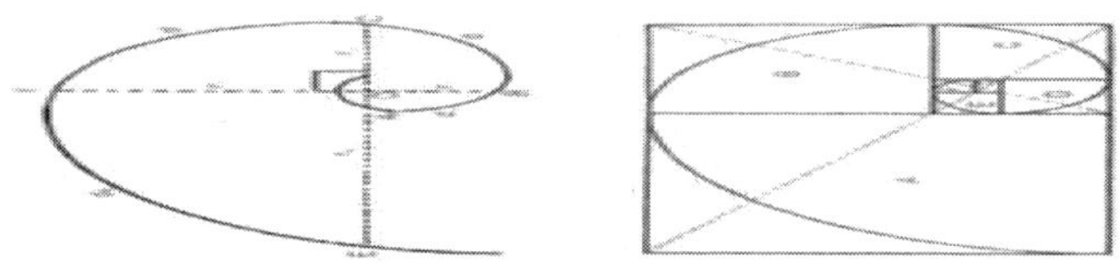

R2/R1=R3/R2=R4/R3=...=Rn/Rn-1=1.618
d2/d1=d3/d2=d4/d3=...=dn/dn-1=1.618
[illegible]BD/BD=[illegible]EC/EC=1.618
EC/BD=1.618

이 비율은 숨 쉬는 황금나선구조[3]이다. 사랑의 나선형을 만들

1) arc.

2) leaf base.

3) 생물체 내에서도 정보를 담고 있는 DNA 구조 분자는 폭이 21Å(angstrom, 1억분의 1cm), 나선이 완전히 한 번 회전했을 때의 길이가 34Å으로, 둘 다 피모나치 수이다. Å분자는 문자 그대로 긴 황금 직 사각형 더미[Marl Wahl, *A Mathematical Mystery Tour*,(Tucson: Zephry Press, AZ, 1988), 128]를 이룬다. 원자 세계에서는 4가지의 근본적 비대칭(원자핵의 구조, 핵분열 파편의 분포, 많은 동위 원소의 분포, 방출되는 입자의 분포)를 이루는데 비 부활[J, Wlodarski,

면서 잎들과 잎들 사이에 햇빛과 공기에 최대한 노출되면서 꽃을 피우는 일은 하나님만이 할 수 있다. 하나님의 흔적은 모든 자연계에 걸쳐 나타[1]난다. 해바라기 꽃씨가 시계 방향과 반시계 방향의 나선 형태로 얽히면서 꽃의 중심을 향한다.[2]

이 비율은 한쪽 방향으로 감겨지는 씨앗의 수와 다른 방향으로 감겨지는 씨앗의 수 사이에 특정한 비율 55:34, 89:55, 144:89, 233: 144이다. 새 잎이 줄기에서 돋아날 때 파이에 의해 결정된 각도에 따라 잎들이 배열되는, 겹쳐지지 않으면서 가장 유효한 방식으로 공간이 채워[3]진다. 이 황금 비율은 파이 수의 제곱을 드러낸다.

단순한 파이에 일을 더함으로써 1.618 X 1.618=2.617924가 되는 자연계 황금 비율은 행선 공전주기 및 식물의 나선 잎 정렬과 피보나치수와의 상호 관계[4]이다. 행성에서 그 비율이 8: 21이

The Golden Ratio and the Fibonacci Numbers in the Word of Atoms' Fibonacci Quarterly(1963. 12), 61.]은 수소 원자의 양이 변하는 상태에서 핵이 연속적인 에너지 단계로 방사성 에너지를 얻거나 잃을 때, 원자의 전자에서도 피보나치 수(H. E. Huntley, 'Fibonacci and the Atom,' Fibonacci Quarterly(1969. 12), 523-524]가 존재하며 태양 주변의 각 행성의 공전주기를 인접한 행성의 공전주기와 정수(round numbers)에서도 피보나치 수는 해왕성(Neptume)부터 시작해서 태양을 향해 안쪽으로 감에 따라 그 비는 1 · 2, 1 · 3, 2 · 5, 3 · 8, 5 · 13, 8 · 21, 13 · 14를 이룬다.

1) Livio 2003: 65.

2) 이 신비는 느릅나무에서 호는 원주의 1:2이며 너도밤나무와 개암나무는 1:3이며 살구와 참나무 류 2:5 그리고 배와 포플러는 3:8이며 아몬드와 아씨 버드나무는 5:13등으로 아름다운 율을 이룬다. 천지만물은 설계자의 흔적이다. 유클리드는 수학상의 황금의 수 파이를 한 선분이 동일하지 않은 두 개의 선분으로 나뉘어 진다 하였다.
긴 선분의 비율과 긴 선분에 대한 짧은 선분의 비율이 1:1.6180339887…이다.

3) Ibid. 66.

4) Marcius Willson.

	관측치	이론치	비율	식물
명왕성	90,000(일)(2: 3 해왕성)			
해왕성	60,193	62,000		
천왕성	30,688	31,000	1: 2	느릅나무
토 성	10,670	10,333	1: 3	너도밤나무
목 성	4,332	4,133	2: 5	살구
소행성	1,200-2,000	1,550	3: 8	배
화 성	687	596	5: 13	아몬드
지 구	365	366 8·13	8: 21	

어야 하는데 그렇지 않음에도 불구하고 피보나치 비율이 형성되는 전 우주로까지 번지는 이 부활 비율은 행성들의 공전 주기와 식물 주기와 식물 줄기의 잎 배열 그리고 한국의 시조작품에 드러너나는 신비의 비율이다. 황금 비율은 생물과 무생물의 좌 · 우 대칭으로 드러나는 아름다움과 정확한 하나님의 흔적이다.

한국의 전통 시 시조는 자생비율이다. 잎들과 꽃들의 숨 쉼 황금률[1]이며 사랑 나선이 되는 하나님 가슴 속에 한 점 피로 감기면서 예수님이 그 예표가 된 빨간 열매[2]이다.

다음은 황금 율을 리비도[3]가 제시한 것이다.

① 식물들은 수학을 알았는가?[4]
② 하나님의 창조에 나타나 있는 형태, 수, 패턴, 그리고 황금 비율,[5]
③ 자연 속에 나타나는 피보나치 수 열,[6]
④ Fibonacci Numbers in Nature, by Jill[7]
⑤ Fibonacci Numbers and Nature,[8]
⑥ Fibonacci Spirals, mathematical art,[9]

금 성	225	277 13·21	8: 21	소나무
수 성	88	87	13: 34	소나무

1) Marl Wahl, *A Mathematical Mystery Tour*(Tucson: Zephry Press, AZ. 1988), 128.
2) H. E. Huntley, Fibonacci and the Atom(Fibonacci Quarterly 12, 1969), 523-524.
3) Livio, M. *The Golden Number. Natural History*(Harvard, 2003), 112, no. 2. Stephen Caesar holds his master's degree in anthropology.
4) http: · · www.kacr.or.kr · library · itemview.asp?no=706
5) http: · · www.kacr.or.kr · library · itemview.asp?no=1629
6) http: · · matrix.skku.ac.kr · sglee · skku-fibo2 · 3.htm
7) http: · · ccins.camosun.B · C.ca · ~jbritton · fibslide · jbfibslide.htm
8) http: · · www.mcs.surrey.ac.uk · Personal · R.Knott · Fibonacci · fibnat.html

⑦The Golden Section in Art and Architecture by Jill Britton,[1]

하나님의 황금률 관[2]이다. 오묘하고도 신비한 이 세계 내의 질서 비율 십자가 파이 비율은 행복하게도 한국에서 시조작품에서 나타난다. 죄 씻기는 사랑이 부활이라는 특징으로 드러난 시조작품은 시조 종장에 묘미 죽었다가 다시 꽃피우는 리듬[3]이다. 그래서 한국인이 복을 받는 증거가 된다. 그만큼 한국의 시조작품은 중요하다.

예수님이 12[4] 제자들에게서 꽃피게 한 오묘하고도 신비한 비율은 이 세계내의 보편성[5] 비율이다. 신의 능력이 한국 시조작품 속에 존재한 은혜에 감복하여 전개되는 장미와 앵두로 소재들은 감사함이 주제이다. 말씀 깊이[6]에 서서 시조작품이 되게 하려는 노력으로 하나님의 흔적을 드러내려한 『장미와 앵두』는 그 전통적인 임[7]을 찾는 100편으로 하였다. 늘 그 분과 얼굴 마주보기 원하며 다른 신을 섬기지 않으려는[8] 노력의 눈물겨운

---

9) http: www.moonstar.com · ~nedmay · chromat · fibonaci.htm
1) http: · · ccins.camosun.B · C.ca · ~jbritton · goldslide · jbgoldslide.htm
2) The Bible Encounters Modern Science, available: www.1stbooks.com. · 출처: Revolution against Evolution, 2003. 9. 2.
3) Garth E. Runion, *The Golden Section(*Dale Seymour Publications: Palo Alto, CA. 1990), 84-85.
4) 3 · 4: 『하나님의 수학』. op. cit, 79-85.
5) Garth E. Runion, *The Golden Section(*Dale Seymour Publications: Palo Alto, CA. 1990), 84-85; 『하나님의 수학』.. op. cit, 79-85.
6) על - פני תהום(알 페네 테홈 · 깊음 위에, 창 1: 2).
7) המים(하마임 · 그 물).
8) על -פני(알-파아나 야 · 나 외에는, 출 20: 3).

노력은 서너 가지의 의미확대 서정시로 자유롭게 3401로 시작하였다.

파랗다 잎 곁에서 파랗다 더 파랗다
여름이 더운 여름 묶느라 한데 얼려
약간은 싱거우면서 떫은맛이 파랗다
파랗다 잎을 닮아 파랗다 더 파랗다
여름이 익는 여름 묶느라 한데 묶여
약간은 못난 듯하며 열매 값이 파랗다
파랗다 여름 닮아 파랗다 꼭 파랗다
긴 여름 더위라도 잊느라 더 파랗다
약간은 기다리느라 발걸음이 파랗다

「장미야 어디 있니」 - 새벽기도 · 3401」

살아있음의 표시는 함부로 겉으로 드러나지 아니한다. 금기어피가 숨겨진 사람은 생명들이 푸릇푸릇 살아있는 표시이다. 살아있음의 표시이다. 살아있음은 언제나 드러나기 마련이다. 이 진리의 드러남 상징 장미는 그 속살을 다 드러낸 알몸을 3402의 새벽기도에서「장미의 물방울」로 한다.

해에다
물을 섞어 아침의
사랑 띠를
햇살이 장미 안에 햇볕을 널어놓아
숨구멍 하나하나에 별이 송송
뜨누나

웃음에 별이 뜨고 울음이 앉는다며
예쁘게 콩콩거릴
장미의
물방울이 장미 빛 햇살을 열러 포롱포롱
뜨누나

「장미의 물방울」 - 새벽기도 · 3402」

살아있음이 보이는 일은 절대자 그 분이 해에다 물을 섞어 아침의 사랑 띠를 보여주시는 햇살이 장미 안에 햇볕을 널어놓아 숨구멍 하나하나에 별이 송송 뜨누나 하며 감탄한다. 낮에는 별이 뜨는 일이 눈에 보이지 않지만 시인의 심상 속에서 웃음에 별이 뜨고 울음이 앉는다며 예쁘게 콩콩거릴 장미의 물방울이 장미 빛 햇살을 열러 포롱포롱 뜨누나 한다.

이 시집에서 장미의 첫 등장은 장미와 물방울 사이의 살아있다. 물은 말씀이다. 생물 장미에 물이 얹혀지며 살아있음의 표시로 장미나무에서 발가벗고 일어선다. 물기를 얹고!.

장미야
발가벗고 오느라 방울방울
물 묻여
오 오느라

또 내가
간지럽다

장미를 가슴에 안고
꽃가지 끝
건네자

「장미 飛 - 새벽기도 · 3403」

이 아침
장미꽃잎 떨어져
이른 아침
장미의 꽃잎 잎이 나포울 땅에 내려
장미 잎 내려앉으면 청소부가 줍는다

길가에 떨어지자 장미 잎 청소부가
장미 잎 모아두면 장미가 피어 난다
장미 잎 아름다워라 꽃다발의 장미 잎

청소부 가슴에도 장미 잎 나풀나풀
청소부 빗자루에 나포올 나풀나풀

장미꽃 다발빗자루 장미 꽃 잎 덩어리

장미 잎 청소부의 빗자루 장미 잎이
장미가 넝쿨에서 내려와 아롱아롱
꽃길로 장미 차 빵빵 빠방바방 빵빠앙
「장미꽃잎과 청소부 - 새벽기도 · 3404」

장미나무에 장미가 달림과 장미의 떨어짐을 각기 3번째와 4번째에서 태어남과 죽음의 현실로 나타낸다. 탄생과 죽음은 장미잎이 떨어짐과 청소부를 등장시켜 장미의 살아남 그 부활을 꿈꾼다. 이 가능성은 시인의 잔 곧 글쓰기인 하나님의 잔에 담기는 일이다. 부활이미지이다. 청소부가 땅 바닥에 떨어진 장미꽃잎을 다시 살아나게 한다.

하나님 손에 의해 살아나는, 시인의 마음에서 살아나는 부활은 하나님의 잔에 담긴 장미의 모습이다.

노오랑
나랑 장미
그 뿐 홍
부끄장미
빠알강
알알장미
동그란 입을 열어
오라는
웃음으로만
함빡함빡
달리는

오오오
달이 뜨면 달덩이
딸 빛이야
오오오
별이 뜨면 별 꿈이
별 빛이야
하늘에

휘늘어지며
장미넝쿨
오오오

「그리움이 물들면 - 새벽기도 · 3405」

장미꽃 색 의미가 있다.

장미의 꽃말	
빨간 장미	욕망 열정 기쁨 아름다움 절정
하얀 장미	존경 빛의 꽃 순결 순진 매력
핑크 장미	맹세 단순 행복한 사랑
노란 장미	질투 완벽한 성취 사랑의 감소
빨강과 하얀 장미	불과 물의 결합, 반대되는 것들의 결합
파란 장미	얻을 수 없는 것, 불가능한 것
빨간 장미 봉오리	순수한 사랑, 사랑의 고백
하얀 장미 봉오리	나는 당신에게 어울리는 사람이예요

딱 눈을 들어 본 때
장미가 아롱아롱
하늘의 중간쯤에
빠알간 노란 분홍
장미님 저도 놀라
놀라서 ㄹ이 빠져진 노란 장미 장미다

딱 눈을 들어 본 때
장미는 분홍장미
분바른 분홍 장미
초록의 잎사귀에
풀 푸른 분홍장미로 부끄러이 장미다

딱 눈을 들어 본 때
그리움 빨강장미
빠알간 대답으로

초록의 잎사귀에
풀 푸른 빠알강 노랑 분홍 장미 옆이다

노오란 현기증을 터는 곁 분홍으로
빨강을 물들이는 행복한 그리움이
풀 푸른 그대 옆이라 아주 행복 앵두다

「눈을 들어 본 때 - 새벽기도 · 3407」

너
너랑 헤어질 때
하늘이 노랄 만큼
눈앞이 샛노랗다 못해서 돋아난 한 나절의
빨강이 새파랄 만큼
그립다는 내음새

하늘이 노랗도록 가슴이 빠알갛게
타오른 바람 냄새 가슴을 파묻고도
남아 든 그리움으로 아슴아슴 돋아나

얼굴을
파묻고도
노오란 한 길이의
깊이를 그리워 한
장미야 더 빨갛도록
하늘이 더 푸으르라
앵두 냄새
아
어쩜

「노란 장미와 빨간 - 새벽기도 · 3413」

오월의 장미 남자
빠알간 모자 쓰고

빠알간 티셔츠로
그리움 하늘 높이
꿈 덩이 하나로 하여
초록 덩이 안에서

빠알간 모자 쓰고
빠알간 티셔츠로
힘겨운 목숨덩이
아예에 하늘에다
두고는 나 보란 듯이
모자 쓰는
남자다

「오월의 장미는 男 - 새벽기도 · 3406」

남자의 모자와 티셔츠가 장밋빛이다. 부활의 이미지이다. 한 사람의 생애가 비록 힘겨운 그리고 버거운 삶이라 하더라도의 비유는 아름다운 장미가 하늘 중간쯤에서 하늘거리게 한다. 장미의 넝쿨가지가 하늘중간쯤에서 든든한 울타리에 기대어 있다.

사랑만 하라시며 장미의 무늬 옷을
주셨죠
밭에서도
보이죠 열두 단이
절하며 일어서서들 둘러리로 절하죠

해와 달 열 한 별이 나에게 모두모두
절하여 엎드린다 했더니 우향 몰약
은 이십 값어치로도 팔려가라 묻었죠

그래도 사랑하라 하셔서 먹는 앵두
열일곱 나이에도 장미 잎 파랗도록
당신을 사랑 하라셔 앵두 먹고 살아요

「사랑 장미의 길 - 새벽기도 · 3408」

시인에게 들려오는 음성은 기대어 편안히 사랑만 하라이다. 요셉 이야기이다. 하나님의 잔 안에서 살아가는 아빠 엄마가 되는 장미이다. 한 가정의 아빠 엄마이다.

장미의 아빠 엄마 장미로 예쁘라고
잘 자라 이리저리 한드을 행복하라

입가에 장미웃음의 앵두 먹게 하여라

파란 잎 들게 하고 언제나 사랑하라
빠알간 마음기둥 솟아나 하늘 닿게
입가에 살짝살짝이 장미 입술 내어라

「장미의 아빠 엄마 - 새벽기도 · 3409」

안 해야
안의 해야
장미로 해 떠오름 건져서 나에게로
사랑을 주느라고
사랑의 앵두나무에 장미다발 얹어라

「안 해 장미 - 새벽기도 · 3410」

행복을
찾아 나선
장미의
사랑바람

바람비
두르고도
은방울
굴리도록

이름을
삼가 하오며
은방울 새

장미야

「은방울 장미 - 새벽기도 · 3411」

폭포수 아래에 서
아뢰올 말씀에는
정말로 아름다운 장미가 데구르르
장미야 웃는 모양이 너무 좋아 좋아라

집 담에 넝쿨 들고
온 동네 어귀에서

사랑을 보여주려 쪼르르 걸어 나와
차츠음 닥아 갈수록 앵두 입술 그래라

「장미의 행복이끼 - 새벽기도 · 3412」

새파란 안식에서
장미는 꽃이 핀다

편안한 그리움을 앵두의 입술로서
빠알간 입술을 열어
주렁주렁
행복 잎

열어놔
꽃이 핀다
그리움
피는
법을
풀어서 주렁주렁
거기서 여기까지
사랑을
새파랗게만 엮으라며
사랑 입

「행복장미 잎 입 - 새벽기도 · 3414」

행복을 찾아 나선 장미의 사랑바람은 바람비 두르고도 은방울 굴리도록 한다. 시의 특징으로 넘나드는 마음가짐은 이름을 삼가하오며 은방울 새가 된다. 혹은 이별이라 하더라도 이제는 이 보다 더 든든한 보살펴 주는 이가 있는 이의 잔 안에서 행복하다. 폭포아래에서라도 하나님 잔 안에 든 삶은 새파란 잎에서 돋아난 사랑일기의 장미이다.

장미가 밤을 샌다.

장 미 비 밤을 샌 다
장 미 비

꽃잎바다

아 예 예 그 리 움 을 입술로 먹 어 버 린

앵두의
입술이 되어
주렁주렁 웃는다

웃음의
소리
장미
두 손을
모 아 들 여 그 리 움 뜨 는 법을
풀 어 서 늘 여 놓고
거기서 여기까지가
뻥 뚫리게
웃는다

「장미 비 - 새벽기도 · 3415」

그리움
"안았어요"
풀꽃이
"안아줘요"
진 땀 을 뿌 리 기 까지 내 려 도 안 았 어 요
장미 비 장대 장미 비 안았어요
빨갛게

「장대 장마 장미 - 새벽기도 · 3416」

장미에게 그리움이 있고 밤새 오는 장대비를 지나는 힘이 어디에서 오는 것일까! 일반화된 장미 전설이 있다. 신이 장미를 만들자 사랑의 사자 큐피트는 장미꽃에 입맞춤 하려 입술을 내밀었다. 꽃 속에 있던 벌이 놀라 침으로 큐피트의 입술을 콕 쏜다. 여신 비너스가 벌의 침을 빼내 장미 줄기에 꽂아 둔다. 그 후에도 큐피트는 가시에 찔리는 아픔을 마다 않고 장미꽃을 사랑한다. 사랑이 깊어질수록 아픔이 있다. 서로 사랑하는 힘이다.

장미가
날
'오'라네

입술이 동그랗네
오무려 '오오' 하네
오오오 몰려오네
웃음에 앵두 입술에
콩닥콩닥 콩 뛰네

장미가
날
'오' 오라네
빠알간 앵두 같은
입술로 보여주네
기어히
따라 오네 담장을 따라오네
'오'라네
앵두 입술로
드리미네
오오오

「장미가 오라네 - 새벽기도 · 3417」

새아침
장미꽃잎 떨어져
이른 아침
장미꽃 잎이 나풀 땅으로 내려앉아
길가에 장미꽃잎이 수를 놓고 놓는다

쓰레기 더미에서
꽃다발 장미다발
청소부 가슴에도 장미가 꽃잎 장미
장미가 나포올 나폴 청소부 나 장미야

청소부 빗자루에 장미꽃 나풀나풀
장미꽃 빗자루 꽃 장미꽃 잎덩어리
장미꽃 꽃잎청소부 빗자루가 장미야

장미가 넝쿨에서 내려와 아롱아롱
꽃길을 장미차가 빵빵빵 빠앙바앙
빵빠앙 달려가느라 달리기 차 장미야

「장미꽃잎이 - 새벽기도 · 3418」

시를 계속하여 쓰는 힘은 장미가 나를 오라고 함이다. 시인의 마음이다. 청소부가 치우는 장미는 다시 14회 만에 그 예수님의 족보가 14대의 리듬을 타듯이 이어진다. 신약 마태복음의 예수님 족보는 14대로 이어진다. 청소부의 가슴에 안긴 장미는 그의 빗자루에 올라 앉아 빵빠앙 달려가느라 달리기 차 장미야가 된다. 행갈이 없이 그대로 종장이미지로 변한다.

장미가 있는 곳은 장미의 섬이다. 안식이 있는 곳이다.

장미의 섬입니다
웃음의 보조개를 옴폭폭 뿌려놓아 바다의 물결들을
무더기 구름다발로 유혹하며 웃어서

장미의 섬입니다
등이며 허리까지
한바탕 씻어내어
하체를 잠근 후에 푸르른 이야기만을 조건으로 내세워

「장미 섬 - 새벽기도 · 3419」

새파란 안식에서
장미는 꽃이 핀다

편안한 그리움을 마음껏 먹어버린
빠알간 입술을 열어
주렁주렁
행복 잎
열어놔
꽃이 핀다
그리움
피는
법을

풀어서 주렁주렁
거기서 여기까지
사랑을
새파랗게만 엮으라며
사랑 입

「장미 잎 사랑 - 새벽기도 · 3420」

오월이 오시느라 장미를 열어둬요
황홀한 시간 메어 두노니 오시어요
오로지 그대를 위해 장미입술 다노니

「오로지 장미 - 새벽기도 · 3421」

빨갛고
파란 불을 내 세운
꿈길에서
연속성
바람사이
두 갈래 땋아 내린
소녀의 눈망울에 담긴
장미입술
햇살이

「꿈길 장미 - 새벽기도 · 3422」

그리움 그게 뭔지
모르며
빨간 옷이 파랗게 움이 돋아 사랑이 움이 돋아
소녀의 옷자락에서 짙게 웃는 그림자

「사랑 움이 돋아 - 새벽기도 · 3423」

페르시아 꽃의 지배자 연꽃이 밤에는 잠만 자고 다른 꽃들을 지켜 주지 않자 여러 꽃들이 신에게 일러바친다. 신은 꽃들을 안전하게 지키도록 흰 장미를 만든다. 나이팅게일 새가 날아왔다가 하얀 장미에 반해 품에 안자 가시에 날개가 찔려 흰 장미를 붉게 만든다. 이스라엘 자이라라는 아가씨는 예쁘고 총명하여 모든 이의 사랑을 받는다. 하지만 헴엘 불량배의 청혼을 거절받자 자이라를 마녀라 모함하게 되고 마을에 알 수 없는 병이 돌자 마녀 자리라 짓이라 퍼뜨린다. 자이라는 화형을 당하는 위기가 왔으나 신의 힘으로 나무만 불에 탄다. 나무에서 새싹이 나 장미꽃이 피고 지이라도 살았다. 미소년 아도니스라는 미의 여신인 아프로디테의 사랑을 받는데 이를 질투한 아프로디테의 남편 헤파이스토스는 멧돼지로 변해서 사냥을 하던 미소년을 물어 죽인다. 미소년의 흘린 피로 아네모네 꽃이 피었고 미의 여신 눈물에는 장미꽃이 피었다.

음성이 빨갛구나
파란불 빛이구나
머리에 햇빛 얹어 햇빛의 바람으로
파란 봄, 빛이 나도록 앵두 볼의 빛이다

「장미 너는 - 새벽기도 · 3424」

장 미 비 밤을 샌 다
장 미 비
장미바다
아 예 에 그 리 움 을 통 째 로 먹 어 버 린
입술의 꽃물로
서서
장미다발 웃음을

「아예예 - 새벽기도 · 3425」

난 보고
"알았어요"
정말로
"알았어요"
진 땀 을 뿌 리 기 까지 내 리 며 알 았 어 요
장미가, 날 보는 장미가 장미웃음 그리움

「날 보는 장미 - 새벽기도 · 3426」

오
나의 사랑하는 사람을 만나거든
오
내가 병이 났다 해다오 장미 병이
그러면 그가 나 찾아 여기까지
올 거야

「오 병이 났다 - 새벽기도 · 3427」

오오오
사랑하는 장미를 만나거든 정말로 병이 나서 꿈을 타 마시더라 그렇게 전하기만 해 다오다오
오
오
그

「아가서 - 새벽기도 · 3428」

장미의 안식은 새파란 잎에서이다. 푸르러서 그 속에 안식한다. 파란 잎은 병을 치유해 준다. 장미의 섬이다. 장미가 앵두 볼로 웃을 수 있는 안식이다.

도대체
사랑하는 그대가 다른 이와 얼마나 아주 달라 달라서 애타하나
오오 그
장미가 나 찾아 앵두 볼로 오는 거

「얼마나 달라 - 새벽기도 · 3429」

물 위에 장미 빛이 어리며 꿈 들고 온 그대의 빨간 불을 받았음!
선물이다
사랑의 열매들로만
쏟아내는 빛이다

「열매와 장미 - 새벽기도 · 3430」

봄빛이 오는 동안 당신이 거기에서 난 위해 장미다발
난 여기 그대로 서 기다림 열어두니
당신은 장미다발로 앵두입술 주어요

「장미다발 - 새벽기도 · 3431」

장미는 한 송이 두 송이 등의 수에 따라 의미가 다르다

장미송이에 의미부여	
장미 한송이	단순
장미 다발	비밀스런 사랑을 하고싶어요

미니 장미	끝없는 사랑
결혼식의 장미	행복한 사람
장미 왕관	선행에 대한 보상
4 잎 장미	우주의 네 부분
5 잎 장미	소우주
6 잎 장미	대우주
들장미	고독, 소박한 아름다움

장미 송이수의 선물	
빨간 장미 한송이	왜 이제야 내 앞에 나타난 거야
분홍 장미 한송이	당신은 묘한 매력을 지녔군요
하얀 장미 한송이	다시 만날 수 있을까요?
노란 장미 한송이	혹시나 했는데 역시 꽝이야
빨간 장미 44송이	사랑하고 또 사랑해요
흰 장미 100송이	그만 싸우자. 백기 들고 항복이야
노란 장미 24송이	제발 내 눈앞에서 이사 가줘
빨간장미 119송이	나의 불타는 가슴에 물을 뿌려주세요
노란 장미 4송이	배반은 배반을 낳는 법
빨간 장미	오늘만큼은 그냥 보낼 수 없어요

그리운 몸 부피로 들려온 장미송이 현주소 사랑 받이
무릎을 들먹이는
어머니 앵두입술로
밤새우는 빛이다
정열로

「그리운 장미 - 새벽기도 · 34302」

정열로
솟구치는 춤이다 살짝 열린
가슴의
한쪽 끝에 뽀오얀 흰 살결을
본 순간
한 번 더 앵두 입술 보이는

「그대 장미 - 새벽기도 · 3433」

그 길은 더로 더로 장미꽃
피어피어
있었죠
그랬었죠
내가 늘 사과나무
아래로 가는 거기에

늘 피어피어
있었죠

「장미는 늘 - 새벽기도 · 3434」

사과를 한입 들면 그제 사 튀어나와
하늘로 가는 길에 장미꽃 피었으니
사과를 먹을 때에는 앵두 피리
불렀죠

「장미 피었으니 - 새벽기도 · 3435」

장미성운도 있다. 장미모양을 닮은 거리 약 4600광년, 시지름 약 64′×61′, NGC 2244라는 산개성단을 쌓는다. 장미성운은 내부의 Oe형에 의하여 자극되어 휘선을 발하는 발광산광성운이다. 또한 은하전파원(銀河電波源)으로도 알려져 주파수 250MHz로 강도 5~6의 전파를 낸다.

장미가시는 해충이 꽃에 피해를 입힘을 막는 도구이다. 그리고 색이 파란 장미는 없다. 빨간 장미와 잎의 파란 색은 신이 주신 색이다. 장미 향기에는 여성 호르몬을 자극하여 마음이 좋아진다.

장미를 안고 안고
하늘이 노랄 만큼
눈앞이 샛노랗다 못해서 돌아난 내 사랑의
내 앞의 장미를 안고
그리워진 내음새

「장미 안고 - 새벽기도 · 3436」

인색한 향수 장수 딸 로사는 정원사 바틀레이 청년을 사랑한다. 청년은 아침마다 정원의 꽃으로 향수를 만들어 한 방울씩 로사에게 몰래 갖다 준다. 그러나 청년은 전쟁에 나갔다가 다시 돌아오지 못하고 유해상자로 온다. 연인 로사는 향수로 그 유해 상자에 붓는다. 화가 난 로사 아버지가 향수에 불을 붙이자 딸은 함께 타 죽고 그 자리에 빨간 장미가 핀다.

꿈 편지 앵두 볼이 그리운 연서에요
이야기 나누고파 가까이 다가가면
꽃으로 걸어 가보면 그 이름이 실려요

꽃 뿌린 나날들이 새벽에 이어지고
이야기 들리는 때 노래로 따라하는
한 밤중 꽃노래들이 앵두 볼로 피어요

꽃방석 맴 돌 돌아 꽃 뿌리 위로 솟은
연서를 읽느라고 두 입술 달싹이면
연서가 대답하느라 앵두입술 보내요

「장미연서 - 새벽기도 · 3437」

사랑요
요기는 요
요기요 요기만큼 오느라 꿈 방울이
땅으로 요기요 기
사랑요 요기요기요 앵두입술 요기요

「장미 사랑요 - 새벽기도 · 3438」

우리는 꽃망울로 가슴이 다 보이는
날개를 달았어요 담 넝쿨 타고 가며
사랑이 이런 거라고 알려주려 하여요

빠알간 부피만큼 열어서 옮기어요
조금씩 타고 올라 오온통 사랑표시
행복이 이런 거라고 알려주려 하여요

햇빛이 쏟아지며 우리를 기다리자
하루가 사랑으로 행복을 시작하고
오온통 장미 벌판이 앵두 맛이 되게요

「장미꽃망울 - 새벽기도 · 3439」

좋아라 싸비비 싸비비며
모이고 모이는 날 둘이서 셋이서
좋아라
하 좋아라하 하 좋아라 좋아 하

「장미 하 좋아 - 새벽기도 · 3440」

그러기에 장미 향수로 목욕한다. 장미꽃을 더운 물에 넣으면 향이 나와 장미향이 스민다. 생수를 끓인 후 식기 전에 장미 꽃잎 으깬 것을 3:1 비율로 약 1주일 후 장미 내음으로 쓸 만큼 꺼내 그대를 만나 별 속으로 빠진다.

유난히 꿈이 많아 느을 늘 별을 보다
아아주 우연하게 별 닮은 가시내와
사랑해 아주 사랑해 별 속으로 빠진 날

아 그만 그녀에게 아아주 넘어가서
날마다 별 꿈꾸기 더하여 사랑하며
별나라 상큼상큼히 걸어오는 별 밤 야

멍석을 깔아놓고 둘이서 같이 누워
별 하나 나 하나야 아니야 별 둘이야
둘이서 사랑별로 뜬 우리 나날 그으지!

꿈나라 들어서도 날 보고 생긋 생긋
웃기에 하루 종일 힘이 나 나의 별아
오 별아 하늘 꽃비로 나에게 온 별아 오

꽃비가 내리네요 꽃별이 되어와요
아무도 보는 이가 없어도 절로절로
웃을 일 별의 웃음을 나에게 준 나의 별

별비가 내리는 날 별 꽃비 내리는 날
별 눈을 닮아가며 우리는 반짝반짝
긴 날을 아주 오오래 몽울몽울 우리 별

별 보고 일어나서 별보고 들어오면
잘했다 안아주며 웃어준 나의 별님
별 줍는 하루일과가 별 꿀맛이 되어요

그리움 별이 되어 사랑의 별이 되어
빛나는 별 바구니 한가득 반짝반짝
오늘밤 이 별 상자를 별님에게 드리리

별에서 나에게로 내려온 우리별님
한 아름 알콩달콩 별이 된 이야기로
꽃밭에 내려앉아서 한 생애를 살아요

「장미 별 - 새벽기도 · 3441」

하아얀 꿈이 익어 꽃 섶을 물들이면
사랑이 둘레둘레 여물어 손 모으고
안으로 감싸면서 서 그대는 늘 나를 봐

그대의 손에 잡힌 야곱이 집을 떠나
하란을 떠나면서 두 배의 입맞춤을
들고서 가는 길에는 두 눈 모두 바안짝

「장미 입맞춤 - 새벽기도 · 3442」

바라만 보는 장미 내 마음 속에 있어
곁에서 있기만 해 내 가슴 울렁울렁
아무 말 아니하여도 산들산들 산드을

「장미 바람 - 새벽기도 · 3443」

빛이다
노랑빨강 파랑을 들려준다
금방에 물 위에로 빨갛고 노랑빨강
현깃증 끌어올려서 사랑보라 우리는

어울려 팔을 들어 팔짓을 해 보아라
사랑의 팔 끝으로 오르는 향기보라
둥글글 들어보아라 사랑보라 우리는

「장미 사랑 - 새벽기도 · 3444」

살짝이 다가고픈 그리움 짙어지는
하 맑은 마음이어 내 사랑 들어가는
당신의 눈물 닮아서 아주 맑은 엎드림

노오피 달리시듯 눈 들어 하늘봐요
두 팔을 벌리시듯 언제나 껴안아요
당신의 벗으심으로 눈 둘 데를 몰라요

새하얀 하늘나라 하늘이 하얗도록

새하얀 얼굴에다 분홍의 웃음줍고
펄펄펄 끓는 여름에 해바라기 하와요

* 당신의 벗으심으로 싯구는 예수님의 십자가상의 모습임,

「사랑받는 여인 - 새벽기도 · 3445」

장미 십자회는 예수 그리스도의 부활과 구속의 십자가와 장미 문장이 그려진 깃발을 사용하는 모임이다.

언제나
사랑스런 언제나 웃는 이여

와아락 달려들어 함빠악 안고 싶은
모든 걸 털어놓고픈
하
맑음이 나오는

사뿐히 조용하고
하 맑은 앵두 닮아 두 손에 담아들면
금방에 물이 들어
배시시 맑은 사랑이
나에게서 나오는

단아한 머릿결에
순진한 모양새로
퐁퐁퐁 솟아나는 우리의 물이야기

오온통 사랑물결이 출렁출렁 일어요

「사랑스러운 장미 - 새벽기도 · 3446」

꽃으로 불꽃 잡고
왼손에 오른손에 두 팔을 잡고 나서 마주해 쳐다보는
빛나는 두려움 없는 가슴을 펴 우리는

「장미 손을 - 새벽기도 · 3447」

맨 처음 해 오르면
닮아서 빨간 장미

장미라 써 붙이고
덩달아 빨갛다고
해 놓고 하루 종일을 빨갛도록 웃는다

볼 붉힌 해 따라서
종일을 따라하다
햇빛의 그리움을
얻어서 마냥마냥
햇빛에 장밋빛으로 빨갛도록 웃는다

「나도 모르게 - 새벽기도 · 3448」

왜 그래 울멍울멍
산 높아 그런 거야
여름이 너무 더워 그러는 거야 그지
그래서 닮아 가는 거
나를 닮아 그러지

눈시울 붉히지 마
내 잠을 못자잖아
구름이 흘러가서 그러는 거야 그지
아니면 구름다리를 타봐야지 그러지

비 오면 비 그네를 햇빛에 햇빛그네
내려 봐 아니 면은 올라봐 그러지 마
웃음이 나오게 될 걸 울멍 울멍 하지 마

「울렁울렁 장미 - 새벽기도 · 3449」

빠알간 도장이다 팍파악 찍혔네요
사방의 바람 잡아 파파악 찍느라고
온 땅이 장미도장에 찍혀있어 좋아요
- 계시록 7장에서

「장미도장 - 새벽기도 · 3450」

마음의 장미로 시인은 행복하다. 팍파악 마음에 찍힌 말씀의 도장이다. 장밋빛 인생으로 살면서 상대방에게 위로를 주는 장미도장이 되어 그 주어진 하나님의 명령을 계약에 따라 움직인 장밋빛 앵두 볼로 웃는다. 힘이 솟는다.

장미에 코로 스미는 물 내음이 있다. 말씀의 물이다. 인생을 행복으로 인도하는 달콤한 내음 그것은 마음 행복이다. 장미가 그토록 좋은 일은 기쁨을 받는 선물이어서이다. 행복의 모자[1] 벼슬을 하는, 은혜를 받는 일이다. 생명을 얻는 일이다. 내 모자 아하![2] 머리에 맞추[3]어 은혜를 입고 사는[4]일이다. 우리나라 사람들은 방 안에서까지 갓을 쓰고 감투를 썼고 하인들도 초립을 썼다. 아이들이나 아녀자들까지도 모자를 썼다. 바로 장미가 지닌 향을 모아 꽃잎이 우러나도록 한 뒤 글리세린 2큰 술, 꿀 1큰 술, 사과식초 3큰 술을 넣어 고루 섞으면 장미꽃잎 화장수를 바르는 일이다.

신앙시인에게는 기쁨의 시가 되어 망망대해의 삶을 이겨나가는 비결을 장미향으로 한다. 시인에게 향기가 있다. 솔잎의 내음새처럼 맑고 푸르고 향긋하다. 솔잎 내음새가 나는 시다. 푸른 하늘의 높은 기상을 닮는 시이다. 시인은 맑고 푸른 하늘의 마음으로 시를 쓴다. 옷에 풀잎과 꽃물을 들여 꽃 색과 풀잎색의 옷을 즐겨 입었듯이 시인은 장미의 시적 화자로 사랑의 중요성을 전한다. 갓 시집 온 새색시처럼 현명하다.

가장 매혹적인 색으로 사람의 기억 속에 저장되는 장미를 들어 기억한다.

이 시집의 '2부 앵두'의 앵두는 장미과(薔薇科 Rosaceae)에 속[5]한다.

---

1) מֹצְאִי מֹצָא מֹצָא הַיִּם(하임 모재 모자 모자 · 나를 얻는 자는 생명을 얻고, VQPMZS. CXS VQAMZS VQAMZS, 잠 8: 36: צָא
מְ(모자 · 맞추어, 신 19:7 맞추어(신 19:7) · 입었다(에 5:8).
2) אֶמְצָאֲךָ(에모자아하 · , 아 8:1).
3) מֹצְאִי מֹצָא מֹצָא(모재 모자 모자) 나를 얻는 자는 생명 얻고 얻고: מְצָא(모자 · 맞추어, 신 19:7 맞추어(신 19:7) · 입었다(에 5:8).
4) 아 8:1.

앵도(櫻桃)·천금이라고도 한다. 공 모양으로 6월에 붉게 익는다. 맛이 새콤달콤하다. 단백질·지방·당질·섬유소·회분·칼슘·인·철분·비타민(A·B1·C) 등1)이 있다.

2부에서 시인은 앵두 볼로 사는 삶이 얼마나 행복한지를 알린다. 이 행복은 먹는 문제이다. 1부가 향기의 모자를 쓰는 일이라면 2부는 삶을 지탱해주는 방법이다. 2부에서 시인은 "앵두야" 부르며 시작한다. 이미 몸 속에서 앵두 빛 신앙생활로 하여 감사한다. 절대자가 만들어준 사랑 앵두를 부른다. 마음이 여유롭다.

하나님의 흔적을 찾는 먹을 것을 찾는 오로지 한 방법으로 앵두야! 부르며 찾는 이에 눈에 보이는 것은 해 그림자이다. 오정 쯔음 세 사람의 정체를 본다.

> 앵두야 어디 있니 지금야 보이네요
> 이제는 눈썹만큼 둥글게 내밀만큼
> 그대로 해 그림자 된 앵두입술 어딨니
>
> 「앵두야 어디 있니 - 새벽기도 · 3451」

> 그 오정 쯔음에는 문 앞에 늘 앉았죠
> 사람 셋 맞은편에 있어서 얼른 가서
> 당신의 발 씻으소서 그런 후에 쉬소서

---

5) 앵두나무는 가지가 많고 키는 3m에, 잎은 어긋나며, 잎 가장자리 조그만 톱니가 있다. 잎의 앞뒷면에 털이 나 있다. 잎이 나오기 전에 꽃이 1~2송이씩 흰색 또는 연한 붉은색으로 잎과 꽃받침 잎은 각각 5장이다. 열매는 6월경 붉은색의 둥근 공 모양 '앵두' 또는 '앵도'로 날것으로 먹는다. 관상용이기도 하다. 고려시대의 『동국이상국집東國李相國集』에는 앵두가 청량제이고 독이 없으며 비기(脾氣)를 돕고 안색을 곱게 한다 했다.

1) 사과산·시트르산 유기산이 있다. 붉은 빛깔의 색소는 안토시안계로 혈액 순환 제, 부종치료, 폐, 혈색, 동상치료제다. 『제민요술 齊民要術』에 식용기록. 고려 『포은집圃隱集』.

또 떡을 아주 조금 조금만 가져오니
한번만 잡소소서 그러면 되오리다
당신의 종이옵니다 그런 후에 쉬소서

세스아 고운가루 반죽해 떡 만들고
아아주 기름지는 송아지 잡았어요
당신을 위하여서요 그런 후에 쉬소서

뻐터와 우유까지 송아지 모두 올려
드리니 모시오니 들어와 앉으시고
기다림 잡수시어요 앵두입술 되소서

– 1995. 9. 8일 5시 21분 17초

「앵두입술 – 새벽기도 · 3452」

빠알간 맨드라미 맨 몸을 들이미는
맨 살로 더듬더듬 빨갛게 들이미는
앵두가 익은 날에야 앵두입술 더드미

「앵두 더드미 – 새벽기도 · 3453」

오정 쯔음 세 사람이 보이자 시인은 앵두입술을 찾는다. 말씀의 앵두입술을 얻고 싶어서이다. 앵두입술에서 나올 말씀을 먹으면 앵두입술이 되어 질 것이다. 급급히 찾는다. 이 갈급한 앵두입술 찾기는 먹기도 하고 말하기도 하는 앵두입술이 이어서이다.

앵두입술의 그리움은 흘리는 눈물이다.

산 넘어 강을 넘어 구름을 넘어오며
유월절 넘어 넘어 더위를 넘어 오며
그리움 눈물방울을 넘어오며 보여요

저 멀리 아스라한 끝자락 넘어오며
당신이 그 하늘에 보여요 아스라이
그리움 빨간 깃발이 넘어오며 보여요

아아주 이 한밤에 한 별이 섰으리다
야앒은 비단으로 하느을 하늘하늘
두 팔을 아름드리로 오라오라 보여요

보라로 보라보라 여기를 보라시며
끌리듯 이끌리듯 그리로 오라시며
만나를 앵두입술로 잡수시라 보여요
　　- 여호수아 5:10 끝

「앵두입술로 - 새벽기도 · 3454」

수줍음 꽃이에요
다섯의 꽃잎날개 하얗게 드러내는
마음을 피우려하여 푸른 잎에 숨어서

푸른 잎 사이에요
빠알간 종을 달고
단 하나 사랑에요 앵두의 나무위로
연분홍 사랑을 심을 마음 길을 열어서

가슴과 배꼽사이
가슴 폐 넣어두며
연분홍 수줍음이 나날이 커가다가
화알짝 빠알갛게만 울릴 게요 땡 때앵

앵두는 태양에요
입으로 한 웅 큼 씩
먹느라 오물오물
앵두가 새콤 달 콤콤 새콤새콤 달콤콤

사랑을 먹나 봐요
나무에 달린 사랑 사르르 녹아들어 온몸이 풀리나뇨
사랑을 딸 수 있어요 오월단오 무렵은

「앵두입술 종 - 새벽기도 · 3455」

앵두는 햇살덩이
햇살의 덩어리를 해 사리
하느라고 그런 중 그러느라
오온통 마당 가운데 한가운데 뒷마당

오온통 온 마을이 화안 해 나무들이
숲들이 또 화안 해 잎들이 화안해서

나비들 화들짝 기지개 앵두 볼이 되느라

「앵두햇살덩이 - 새벽기도 · 3456」

효심의 앵두나무 전설이 있다. 앵두를 너무 좋아하신 늙은 어머니를 향한 자녀의 효심을 안 앵두가 제 철이 아닌데도 열렸단다. 다른 과일보다 조금 이른 6월에 붉게 익는다.

목이 긴 눈이 높은 사슴이 두리두리
두리 번 봄을 탄다 봄이다 와 봄이다
한 걸음 옮기느라고 꽃잎들이 꽃사슴

꽃잎이 포롱포롱 앵두꽃 포올포올
달리는 사슴 발에 얹히며 내려앉아
사슴을 올려놓는다 꽃사슴의 앵두 발

꽃잎이 사뿐사뿐 사슴 목 언저리로
꽃가지 사슴가지 나무는 몽울몽울
가지는 안보이어라 앵두 되는 꽃사슴

언저리 그 언저리 앵두만 두리둥둥
사슴이 목둘레를 앵두로 달아드는
앵두가 하늘중간에 얹히느라 꽃사슴

사슴이 눈높이로 하늘을 올려보는
목이긴 꿈 하나가 척하니 올라앉는
사슴의 목이 길어라 앵두나발 꽃사슴

한걸음 한걸음씩 옮길 때 그 때 마다
꽃들이 아주 작은 꽃잎이 아주 작은
꽃길의 앵두꽃사슴 팔짝팔짝 뛰노니

사슴이 살짝살짝 목둘레 하늘하늘
꽃잎에 사뿐사뿐 발걸음 날개 단다
사슴 목, 기인 언저리 몽울몽울 꽃잎이

꽃잎을 단 가지가 앵두의 입술로만
쳐다봐 꽃사슴이 앵두 입 달아주고

꽃잎이 둥둥 두우웅 눈높이로 뛰노니
「앵두꽃사슴 - 새벽기도 · 3457」

까아만 제 몸 위에 입술을 달았어요
빠알간 입술로만 말하고 싶어서요
긴 겨울 온 몸 까맣게 얼었어도 그래요

입술을 달았어요 오로지 말하려고
말하고 싶어서요 입술을 열었어요
한 눈을 팔지 않고서 가지 휘게 그래요

아 글쎄 말하려고 팡파앙 터졌어요
터지며 입술 열며 입술이 꽃술로요
한 마디 할 때마다 잘도잘도 열려요

하나도 아니고요 두울도 아니고요
세엣도 아니고요 파아앙 파아아앙
빠알간 입술이 돋아 입술꽃술 돋아요

파아란 하늘아래 빠알간 제 입술이
까아만 제 몸 위에 얹히며 꽃술입술
파아란 하늘에서도 입술소리 들어요
「앵두와 홍매화 - 새벽기도 · 3458」

앵두꽃과 꽃사슴이 어우러지는 아름다운 그림은 어울리며 뛰노는 지상천국이다. 여기에 앵두입술이 있다. 말씀전하기의 앵두입술이다. 먹기 전에 먼저 입을 달싹거리면서 앵두꽃과 그리고 앵두와 홍매화가 봉긋거린다. 입술이 앵두입술이 된다.

앵두입술이 할 일은 울고 있는 사랑을 토닥거리는 일이다.

사랑이
막
울기에

토다닥
등어리를

토다닥
손사랑 펴
쓰다듬 쓰다듬어
울음이 뚝 그치도록 어루만져
앵두야

「사랑울음 - 새벽기도 · 3459」

꽈리가
도동통통

감나무
홍시감이
토도독

밤 곁에서
엎드린 가을이라

꽃 서리
주워 먹고는
이듬해 봄

오동통

「앵두오동통통 - 새벽기도 · 3460」

마음을
풀어가며

어느 메
꽃잎으로

떠 오는
숨소리로

바다 속
겨울고기

하늘 못
둘레 둘레로

앵두꽃잎
그린다

「앵두꽃잎 눈금 - 새벽기도 · 3461」

노랗게 산이 울다 지치는 봄이랑은 나리가 두 손들고 종일을 벌서 있다
바람의 숨소리마저 노랗도록 켜 놓고

입술을 동그랗게 노오란 동그라미 부르는 앵두꽃잎 새파란잎사귀 귀
요렇게 쫑긋거리며 앵두입술 숨긴다

「앵두꽃잎 나리 - 새벽기도 · 3462」

날 조옴
데려 가아
주세요 비행기로
아니면 등록하고 싶으면 하라구요
누구나 나에게로
오 오면 당분간에는 앵두입술 그래요

사랑이 들고 나면 구름이 아프니까
하늘을 등에 업고 그러고 나서는 이
보름에 시골가려면 무얼 타냐
앵두입술 숨겨요

차로요 아니에요
사랑을 들고 나서
그리로 팔팔 구로
춤추며 산이 좋아
그리로 아름 아름이 앵두입술 그래요

편지 좀 보여 줘요
죽기 전 한 번 만날 그럴라 그랬는데
누구를 닮았냐구
바로 그 숨 쉬는 내 몸 앵두입술 숨겨요

「앵두입술2 - 새벽기도 · 346」

두 물의 두 물 머리 남한강 북한강의

둘이서 하나 되어 만나는 물고기로
우리는 오늘도 만나 하나 되어 흘러요

마 임이 나의 님이 되시는 사람 당신
우리 물 이렇게도 잘 흘러 서로 만남
부용산 청계산 곁에 형제봉이 지켜요

물로 된 사람이신 당신이 우리나라
헤어져 지내시지 마셔요 그리 마요
우리를 닮아보세요 두 물 머리 만나요

발길을 돌린 데도 언제나 만나지는
운명의 우리 둘이 살 비벼 서로 맞대
하늘에 오르고 올라 우리 둘이 살아요

푸르른 하늘까지 올라요 두 물 머리
물 위로 날아가며 사랑해 정말로요
한 물을 이루어가며 사랑하여 보아요

우리는 물이에요 물고기 물이에요
남한강 북한강요 남북이 한 강 한 강」
하나로 정말 만나요 우리 둘이 안아요

머리로 두 물 머리 사랑을 안아들고
아아주 아름다운 우리 꽃 한 송이를
머리에 살짝 얹어서 향기 뿜어 볼께요

두 볼의 보조개네 봉긋이 들어나네
오오오 남한북한 한강의 남한강의
400년 느티나무의 아래에서 만나요

나란히 어깨 맞대 하나로 꽃바람이
훨훨훨 하늘 향해 날갯짓 하는 날에
두 산이 날개를 펴며 하늘 올려 주네요

꿀 먹고 자라는데 보조개 쏘옥 들어
지도에 참외 씨로 콕 찍어 광주부 1750
우리도 볼 비벼가며 콕콕 찍혀 박혀요

「물고기 앵두입술 - 새벽기도 · 3464」

임이 생명이 되는 사랑향기를 얻는 일은 한국의 현실인 이남과 이북이 하나가 되는 일이다. 울음의 현실은 통일 문제이다. 생명의 문제이다. 바람이 불어 와 주어야 서로 앵두입술로 앵두를 먹을 수 있다. 생명의 바람 하나님이 능력이 있어야 한다.

앵두나무가 붉은 이유이다. 장미과에 속한 앵두나무는 4월이면 잎이 채나기도 전에 하얗게 핀 꽃이 붉은 나무에 달린다. 하얀 꽃과 파아란 잎과 붉은 나무가 앵두를 만든다. 예쁜 여인네 입술을 닮은 빨간 앵두가 이제 그 입술로 사랑을 고백할 때이다. 앵두 알 하나하나 반짝 반짝 빛나며 단맛을 6월에 주기 위해서다.

아가가 생명을 얻는 앵두가 열린다.

아가야
바람이 가만히 와 생명을 입안으로 넣누나 아가야아 보이지 않았어도 아가야 우리에게 와 기쁨이 된 아가야

바람깃
토독토독 두드린 사랑하나 열리며 생명줄로 드느라 밤 깊도록 엎드려 조심히 삼가 아가야아 아가야

초록의
잎사귀에 하얀빛 샬짝샬짝 새하얀 냉이 꽃에 노랑색 샬짝샬짝 토끼풀 샬짝샬짝콩 잘도 크네 아가야

아가야
너에게로 긴 줄을 내리는 날 긴 줄을 잡느라고 종일을 사랑 찾는 아가야 앞길 몰라도 잘 도 크누나 아가야

두 손을
모아들고 두 손을 모아 펴라 아가야 보이는 건 우리의 사랑꽃술 하늘빛 받아 내리어 우리 안의 아가야

아가야

소곤소곤 사랑을 모아보라 이웃이 오손도손 들려줄 사랑소릴 들으며 웃어보려마 아가야아 아가야

무논에
노랗고도 새파란 모심기야 줄 맞춰 늘어서서 벼이삭 파랗도록 햇볕에 종종걸음이 익고 있지 아가야

아가가
울고 있네 이리로 오려들어 자꾸만 오려들어 보채고 또 보채네 잠자리 들려하는데 울고불고 아가야

이제는
홀로서라 아가야 울렁울렁 정말로 꽃이 되면 아아주 키가 저져 꽃바람 불어보아라 아가야아 아가야

햇살로
해살해살 꽃물로 포랑포랑 홀로도 커다랗게 자라렴 그래야지 파아란 나무들 늘어 울창울창 아가야

바람이
세차구나 그래도 하늘 푸름 아가야 아가야아 눈으로 안 보여도 우리들 이만큼보다 아가야아 아가야
바람 깃
바람막이 사랑 줄 잡아들고 열려진 생명줄로 이으며 대를 잇는 눈으로 안보이어도 아가야아 아가야

「아가 앵두입술 - 새벽기도 · 3465」

사랑의 결실인 앵두아가다. 처음 앵두는 초록빛이다가 차츰 빨알간 입술이 된나. 초록색 열매가 반들어내는 빠알산 앵두가 그 모습을 드러내게 되는 데는 바람이 불어서이다.

바람이
불
고
있
다
뒷산을 넘고 넘어

젤 작은 가슴에다
필리리피필리이
앵두의 작은 입술로 작은 가슴 필리리

「앵두피리 - 새벽기도 · 3466」

이새의 줄기에요 이제는 보이시며
말씀의 예수님이 양손에 영 드시고
새파란 앵두줄기에 높이 높이 서셔요

제 오는 길에 서신 세 분이 진 치시며
별 무늬 자리 잡아 거기에 앉히네요
하 한 별 어린 그분은 한 별로만 서셔요

말씀이 두둥시일 달 뜨네 보름달로
지혜와 슬기와 모략이 몽울몽율
우리를 날이 날마다 도우시려 서셔요

어어린 그분 곁에 호랑이, 송아지가
허리를 조아리는 파아란 들이에요
한 마당 덩실 더덩실 어우러져 서셔요
- 이사야 11장 1-11

「앵두줄기 - 새벽기도 · 3467」

우리는 부러운 게 없어요 정말로요 우리는 한 몸으로 한 자웅 같이 있어 짝 짓기 한 다음에는 알 40개 낳아요
저 머언 달님이가 팽이를 팽글팽글 달팽이 밤이 되면 달 그늘 그 숲에서 미끈한 몸 뚱 아리로 마구마구 퍼지죠
사람님 와우각상 어쩌고 하시어도 배로도 즙액 묻혀 두루뭉실 잘 기다 사람님 귓속에다가 달팽이 관 드리며
더드미 쭈욱 빼고 마음껏 뽐내지요 고마워 정말로요 달팽이 달 팽이 관 어지 럼 증이 없어질 우리 집에 계세요
또그르 풀잎 위에 딩굴며 또그르르 파아란 잎일 때는 파아란 모습으로 나뭇잎 그리움일 때 나뭇잎 달아서
벼 잎이 잘 자라는 무논의 기슭에서 이슬을 묻힌 다음 한번쯤 보고 싶은 어여쁜 아가씨 볼에 감히 올라 팩하죠
물가의 그 아슬한 외로운 밤이슬을 차곡히 접었다가 꽁지 끝 거기에다 매달아 담백질 덩이 식사로도 드셔요
더드미 더듬더듬 배로도 뒤뚱뒤뚱 속눈썹 내리깔며 자암시 와우

> 각상 벗어나 아주 맛있게 드시라고 바쳐요
> 파란들 나무숲의 물기를 말랑말랑 풀어다 포근포근 보드람 덩이 되는 단백질 식사자리에 어서 오셔 드세요
>
> 「앵두달팽이 - 새벽기도 · 3468」

이새의 줄기에서 나온 이는 예수님이다. 이 분의 흔적은 아가 그리고 심지어 달팽이 그 모든 살아있는 것들이 살아가며 보여주는 생명의 신비를 알려주는 일이다. 이새의 줄기에서 솟아난 새 싹 인간의 힘으로는 해결할 수 없는 생령 곧 삶이 되는 일을 시인은 그리움으로 한다. 그리움, 은유적으로 이 그리움은 살고픔이 간절한 가을로 투영된다.

> 가을이 오고나면 그리운 나의 사람 사랑아 사랑하는 사람아 보고 싶어 아무리 고개 흔들어 아니라고 하여도
>
> 그리운 나의 사람 얼굴이 보고 싶어 그리움 눈이 맑아 나만을 사랑하는 사랑을 보듬어 안고 난 이렇게 살았어
>
> 해마다 가을이면 만나고 싶은 사람 밤마다 귀뚜리가 울어 예 더욱 고픈 사람아 나의 사랑아 어디만큼 와 있니
>
> 아니야 바로 나의 앞에서 소근 대는 그래서 열두 달을 잘 견딘 나의 일생 그러나 더욱 그리운 가을에는 더 고파
>
> 그곳에 만나던 땔 발길을 돌려가며 사랑을 찾아들고 나서야 그림자로 만나를 먹고 나서야 일어서서 와았지
>
> 사랑아 내 사랑아 가을에 만나고픈 나만의 내 사랑아 사람아 어디 있니 만나요 나의 사람아 나의 사람 사랑아
>
> 「앵두가을 - 새벽기도 · 3469」

시인의 그리움은 반드시 이성만의 그리움이 아니다. 다만 시의 겉으로 드러나는 님의 그리움이다. 오히려 그 안에 담긴 생명의 간절함이 되는 시인의 앵두이다. 말갛고 그리고 빠알간 앵두이다. 앵두, 앵두 바람이다. 바람 그 하나님의 기운이 거창한 의미를

숨기고 그냥 앵두바람으로 하는 시의 친근한 앵두바람이 분다.

바람이
앵두바람
발목을 감싼 바람

분홍 신
신기면서
분홍 꽃
바람 뉘리

분홍의
푸름 아래로
그네타고
내려
와

하늘이
내려와서
보리가 익어가고
그대가 주신 땅의
바람을
익혀가려
당긴 손
하늘크기로
그대 들어 보리오

가슴에 사랑 품어 보리는 익어가고
하늘이 내게 와서 저만큼 서 있어서
당긴 손 하늘만큼만 켜 들고서 나오는

「앵두바람 - 새벽기도 · 3470」

눈 뭉치
솜방망이
날마다 하얀 눈이 펴얼펄 내린데도
저 멀리
아침 해가
비치며 나에게로 와 녹여주며 웃네요

보이는 해를 두고 눈 나라
꽃이 피며
담장을 넘 나들며 노래를 들려줘도
하늘이 햇빛내리면 눈 녹아서 내리는

사랑을 밀물처럼 도리는 햇빛바람
눈빛을 한데모아 파랗게 기다리는
하늘이 봄의 뒷마당 내리느라 바빠요

어쩔 수 없어져요 아무리 눈이어도
눈덩이 하늘만큼 산만큼 싸이어도
햇빛이 무게 다느라 그리움을 내려요

「앵두 기다림 - 새벽기도 · 3471」

아가야
해살해살 아가야
아가야아
눈썹달 웃느라고
두 발을 오무렸다
펴었다 웃음방울이 나를 향해 있구나

아가야 하얀 맨발이
꼬물꼬물 아가야

「앵두아가 - 새벽기도 · 3472」

선생님 선생니임
우리이 선생니임
교실 문 열으시며
우유 빛 목련으로 눈으로 웃으시는
선생님 우리 선생님
앵두입술
말씀이

웃으셔 좋아하다 온 생애 멈춰버린
봉오리 선생님을 그냐앙 좋아하다
좋아요 그냐앙 좋아
앵두입술

가르침

좋아요 공부하라 그러심 정말 좋아
함초롬 녹아들어 오늘도 좋아좋아
좋아요 그냐앙 좋아 좋아좋아
좋아요

「앵두선생님 - 새벽기도 · 3473」

능금이 능금나무 시작을 알려주는 처음을 빵빠레로 울리는 능금이가
오온통 앵두 빛깔로 과수원에 널리네

「앵두능금 - 새벽기도 · 3474」

분홍빛 분 냄새가 포올 폴 나는 길에
겨울과 여름 사이 그 사이 사는 봄에
졸졸졸 흐르는 봄은 앵두 내음 동네지

산 벚꽃 버드나무 몰려든 골짜기에
봄은 또 연못하나 만들고 사는 봄은
포르르 골짜기마다 앵두 내음 동네지

봄맞이 따라가면 갈수록 여름으로
도망칠 봄이기에 뒤돌아 나오면서
봄의 등 산허리 끼는 앵두 내음 동네지

바람이 달디 달게 달리며 봄을 열면
한 그루 나무로 서 휘도는 봄바람에
물오른 봄을 잃을까 앵두 내음 동네 지

봄은 늘 알롱달롱 알로록 볼록달록.
암호를 맞추느라 손으로 토독토옥
물오른 봄 잃을 까 봐 앵두내음 동네지

「앵두내음 - 새벽기도 · 3475」

훗훗한 봄바람을 비비며 울렁울렁
정말로 꽃이 되는 내 가슴 찰랑찰랑
꽃비가 앵두꽃바람 들고 가며 울러엉

「앵두바람2 - 새벽기도 · 3476」

물 위로 걷는 이의 물을 떠 마신 후에
눈꽃이 해살 해살 웃는 게 아 아마도
물 위를 걸으라 란 말을 들은 앵두 약수다

햇살로 웃는 거는 물 위로 걷는 거라 이르매 해살해살 웃는 게 아 아마도 새 싹이 돋으라는 말로 들은 앵두 약수다

「앵두약수 - 새벽기도 · 3477」

앵두바람이 발목을 감싼 바람(「앵두바람 - 새벽기도 · 3470」)이 분다. 시조작품 3470에서 70은 7의 신성수다. 하늘이 내려와서 보리가 익어가고 그대가 주신 땅의 바람을/ 익혀가려 당긴 손 하늘크기로 그대 들어 보리오! 놀라운 '앵두바람'이다. 이 역사는 하늘에서 내려오는 하얀 눈의 솜뭉치에서(「앵두 기다림 - 새벽기도 · 3471」) 그리고 아가야 해살해살 아가야 아가야아 눈썹달 웃느라고 두 발을 오무렸다 펴었다 웃음방울이 나를 향해 있구나(「앵두아가 - 새벽기도 · 3472」)이다. 이러한 지속성은 우유 빛 목련으로 눈으로 웃으시는 선생님 우리 선생님 앵두입술 말씀이(「앵두선생님 - 새벽기도 · 3473」) 나오고 「앵두능금 - 새벽기도 · 3474」 동네와 「앵두약수 - 새벽기도 · 3477」 에서까지 「앵두 불 - 새벽기도 · 3478」 에 까지 이르른다.

그러기에 시인의 삶은 시를 통해 시인은 혼자만이 아니라 그대가 살아있어 정말로 고마워요 하늘이 두 쪽 나도 살아서 움직이는 눈으로 바라보도록 너무너무 고마워(「앵두사랑 - 새벽기도 · 3479」) 지는 사랑이고 앵두 볼이 되는 일(「기도 앵두 볼 - 새벽기도 · 3480」)이다.

이 때에 탄생의 신비를 시인은 복중에 짓기 전 이미 탄생하도록 한 그 분에 대한 감사(「어머니 앵두 볼 - 새벽기도 · 3481」)로 어머니가 보고 싶다. 물리적인 어머니의 시의 겉모양 이전에 저 먼 그리움이 된다. 어머니의 앵두 빛 볼(「보고픈 어머니 - 새벽기도 · 3482」)이 그립다. 물론 아버지도 그립다. 양육의 아버지가 그리운 존재(「어머니의 오! - 새벽기도 · 3483」)이다. 어머니 태에서 나와(「어머니의 앵두 - 새벽기도 · 3485」) 희명(「희명希明 - 새벽기도 · 3486」)이 닮은 앵두(「닮은 앵두 - 새

벽기도 · 348」)이다. 자라 어른이 된 앵두입술「어머니 시집 - 새벽기도 · 3488」「아가야 - 새벽기도 · 3489」이다. 앵두미소(「앵두미소 - 새벽기도 · 3490」)가 있고 앵두웃음(「앵두웃음 - 새벽기도 · 3491」)이 있다. 사랑(「어머니사랑 - 새벽기도 · 3492」)이 있다.

사랑이 있는 곳에 식탁(「아가하늘 - 새벽기도 · 3493」)과 들(「앵두색 샬짝 - 새벽기도 · 3494」)이 있다. 노래(「앵두노래 - 새벽기도 · 3495」) 들려오고 이 노래를 듣는 앵두 볼이 있다.

마음에 하늘표시 그토록 기인 날을 우리는 함께 있어
가슴에 둘이 들어
앵두 빛 가슴으로만
우린 느을
앵두 볼

가슴에 넣어두는 앵두빛 가슴이랑 한시도 나는 너를 너는 날 우리 함께
사랑을 반반씩 그린 동그라미 앵두 볼

늘 나의 곁에서만 늘 너의 곁에서만 우리는 사랑 물을 먹으며 살아가는
그리움 그 모양으로 앵두가슴 앵두 볼

「앵두 색 - 새벽기도 · 3496」

눈감아 버릴 밖에

꽃망울
망울망울 부풀어 그 내음
눈감아 버릴 밖에
기도에
꽃길 트이는 앵두입술 보이면

내 신부
입술은 꽃 방울이 떨어지고
혀 밑에
꿀과 젖이 흐르고 향, 향 높아
신부야

잠근 동산이요 우물이요 봉한 샘

신부야
이리와라 나의 누이
내 눈으로 한 번 더
구슬의 꿰미로 꿰어 올린 아롱다롱
포도주
향 품 보다 승해 단 꿀 흐르네 앵두 입

「앵두입술신부 - 새벽기도 · 3497」

아가는 늘 언제나
엄마 젖 그리느라
입술이 앵두 입술
한 모금 물때마다
입술이 앵두입술로 오물오물 거린다

「앵두입술이 - 새벽기도 · 3498」

분홍빛 분 냄새가 포올 폴 나는 길에
겨울과 여름 사이 그 사이 사는 봄에
졸졸졸 흐르는 봄은 앵두꽃이 필거나

산 벚 꽃 버드나무 몰려든 골짜기에
봄은 또 앵두나무 만들고 사는 봄을
포르르 골짜기마다 앵두꽃이 필거나

봄맞이 따라가면 갈수록 여름으로
도망칠 봄이기에 뒤돌아 나오면서
봄의 등 앵두가 달린 그리움이 필거나

「앵두꽃 필 무렵 - 새벽기도 · 349」

옥색의 고무신이
　사알짝 들어났다
　　숨었다 하는 동안
　　　옥색의 젖가슴이
옥색의 치맛바람을 나풀나풀 날린다

「앵두옥색고무신 - 새벽기도 · 3500」

앵두입술신부(「앵두입술신부 - 새벽기도 · 3497」)와 아가의 앵두입술(「앵두입술이 - 새벽기도 · 3498)이 앵두옥색 고무신(「앵두옥색고무신 - 새벽기도 · 3500」)에 신긴다.

시인의 사랑이 시인의 하는 일이 사랑이다. 사랑을 주는 마음[1]이 늘 아파한다. 배나 되도록 사랑[2]을 받는 요셉처럼!

물 향기이다. 장미 향기이다. 달콤한 앵두맛이다. 살아있음에 대한 감사로 시를 쓰는 장미의 향기이다. 앵두입술로 말하는 달콤한 앵두 앵두를 먹는다. 달콤하다. 시인이이서 감사하다. 시조시인이어서 감사하다. 성경이야기를 한국전통시인 시조작품으로 쓸 수 있어서 감사하다. 물의 모자를 쓸 수 있어서 감사하다.

---

1) וַיִשְׂרָאֵל אָהַב(베이스라엘 아하브 · 이스라엘이 사랑하여, CNE VQAMZS, Now Israel loved, Ιακωβ δε ἠγάπα 야곱 아가페 창 37:3).
2) וַיִשְׂרָאֵל(베이스라엘 , C.NE, Now Israael, Ιακωβ δε, 창 37:3; 렘 10:16).

□ 저자 약력 문학박사 · 철학박사 · 시인 · 시조시인

저서: 『한국 시조문학론』(1996) 『이상시연구』(1997) 『시조창작리듬론』(1997)
『시조문예 미학』(2001) 『물에 대한 신학과 문학의 비교연구』(2008)
『물의 신학과 문학』(2013) 『물의 신학과 물의 시학』(2017) 『이상시학연구』(2017)
『한국 시조시학 연구』(2017)) 『한국시조 창작리듬 연구』(근간)
시조집: 하오의 벨소리』(1989) 『행복의 순위』(1997) 『행복행내님네」(1998)
『일곱 금 촛대위에 행복』(1999) 『행복보라』(2000) 『두 천년을 사는 행복』(2001)
『키스하지 않은 결혼의 행복』(2002) 『하나님의 행복한 연출』(2007)
『행복의 물을 먹으며, 사랑으로』(2008) 『사랑이랑행복이랑』(2015)
『사랑비비행복』(2015) 『알았아와요 이브』(2016) 『장미와 앵두』(2017)
전자시집: 『행복함에 든 사랑받으세요』(2013)
http://ebooks.dsb.kr/ecatalog.php?Dir=b35ae1d4324f
『행복코를 맞대고 사랑우산을 쓰면』(2011)
http://ebooks.dsb.kr/ecatalog.php?Dir=573285fe9a41
『행복잔찰랑사랑찰랑』(2013)
http://ebooks.dsb.kr/ecatalog.php?Dir=136f07eb0584
『드림행복』(2013) http://ebooks.dsb.kr/ecatalog.php?Dir=88422e17faf2
『햇살보쌈』(2013) http://ebooks.dsb.kr/ecatalog.php?Dir=c81ba94b072b
『사랑너는』(2014) http://ebooks.dsb.kr/ecatalog.php?Dir=2c3e96e0258b
『사랑비비』(2014) http://ebooks.dsb.kr/etalog.php?Dir=b35ae1d4324f
http://ebooks.dsb.kr/ecatalog.php?Dir=f0263133483e
『첫사랑이』(2016) http://ebooks.dsb.kr/ecatalog.php?Dir=b71146d90190)
http://ebooks.dsb.kr/ecatalog.php?Dir=b71146d90190
『알았아와요 이브』(2016) http://ebooks.dsb.kr/ecatalog.php?Dir=4be2651e9e0f
『사랑사과』(2016) http://ebooks.dsb.kr/ecatalog.php?Dir=966027dd3f04
작가전용 무료열람(작가 개인 소장용) 고유 주소
http://ebooks.dsb.kr/ecatalog.php?Dir=966027dd3f04
『사랑일기 포오란 사랑두께』(2016) http://ebooks.dsb.kr/ecatalog.php?Dir=2b8dd50427c4
http://contentsmall.kr/contents/index.html?no=1091
http://ebooks.dsb.kr/ecatalog.php?Dir=4be2651e9e0f
전자저서: 『물은 생명이다의 문학과 신학의 비교』(2012)
http://ebook.pknu.ac.kr/FxLibrary/product/view/?num=130600953
『한국인이 복을 받는 이유는 따로 있다』(2012)
http://ebook.kookmin.ac.kr/FxLibrary/product/view/?num=G0005468
『이상시 오감도의 구조와 상징』(2013
)http://dsb.kr/print_paper.php?number=6953
http://ebooks.dsb.kr/ecatalog.php?Dir=573285fe9a41
전자수필집: 『행복에 대하여』(2016)
http://ebooks.dsb.kr/ecatalog.php?Dir=6cbb0f9aa744
http://ebooks.dsb.kr/ecatalog.php?Dir=9f4df216321c
『추석선물』(2016) http://ebooks.dsb.kr/ecatalog.php?Dir=6cbb0f9aa744
http://contentsmall.kr/contents/index.html?no=1019
학위논문: 문학박사: 이상 시 「오감도의 구조와 상징에 관한 연구」 명지대학교(1985)
철학박사: 「물의 초월성과 현실성과 회복성에 관한 연구」 서울기독대학교
-사랑의 U리듬을 중심으로」(2008)

이영지 시집

장미와 앵두

2017년 11월 1일 초판 발행
저 자 이 영 지
발행인 신 용 호
발행처 창조문학사
서울 서대문구 홍은동 397-26 동천아카데미 5층
등록번호 제1-263호
전화 374-9011 팩스 374-5217
공급처: 한국출판협동조합 716-5616-9
저자와 협의에 의해 인지를 생략합니다.
ISBN 89-7734-483-9

공급처: 창조문학 10.000원